Erros nas pesquisas eleitorais e de opinião

Alberto Carlos Almeida

Erros nas pesquisas eleitorais e de opinião

EDITORA RECORD
RIO DE JANEIRO • SÃO PAULO
2009

CIP-BRASIL. CATALOGAÇÃO-NA-FONTE
SINDICATO NACIONAL DOS EDITORES DE LIVROS, RJ

A444e   Almeida, Alberto Carlos
         Erros nas pesquisas eleitorais e de opinião / Alberto Carlos Almeida. - Rio de Janeiro : Record, 2009.

         Inclui bibliografia
         ISBN 978-85-01-08675-4

         1. Pesquisa eleitoral. 2. Opinião pública - Pesquisa. I. Título.

09-3018   CDD: 324
                                                                  CDU: 324

Copyright © Alberto Carlos Almeida, 2009

Diagramação de miolo: ô de casa

Todos os direitos reservados.
Proibida a reprodução, armazenamento ou transmissão de partes deste livro, através de quaisquer meios, sem prévia autorização por escrito.

Este livro foi revisado segundo o Novo Acordo Ortográfico da Língua Portuguesa.

Direitos exclusivos desta edição reservados pela
EDITORA RECORD LTDA.
Rua Argentina, 171 — Rio de Janeiro, RJ — 20921-380 — Tel.: 2585-2000

Impresso no Brasil

ISBN 978-85-01-08675-4
PEDIDOS PELO REEMBOLSO POSTAL
Caixa Postal 23.052 — Rio de Janeiro, RJ — 20922-970

Impresso no Brasil
2009

Dedico este livro aos meus colegas de geração, que gostam de metodologia de pesquisa e valorizam o seu ensino. Todos nós fizemos pós-graduação mais ou menos na mesma época, e sempre conversamos muito acerca de metodologia de pesquisa: André Nogueira, Bruno Reis, Fabiano Santos, Jairo Nicolau, Leandro Piquet, Octávio Amorim.

"Quando você é capaz de medir e expressar em números o que diz, você sabe alguma coisa sobre isto. Mas quando você não pode nem medir nem expressar em números, seu conhecimento é precário e pouco satisfatório. Nesse caso, qualquer que seja o assunto tratado, pode ser o início do conhecimento, mas dificilmente você alcançou o estágio da ciência."

Lord Kelvin

sumário

Introdução — 11

Capítulo 1: As pesquisas eleitorais indicam que o Natal vai cair entre 20 e 30 de dezembro — 31

Capítulo 2: A posição da pergunta no questionário tem grande influência no resultado da pesquisa — 61

Capítulo 3: A formulação da pergunta também influencia o resultado da pesquisa — 79

Capítulo 4: A dificuldade de se mensurarem conceitos complexos e de relacioná-los com o comportamento político — o caso do conceito de ideologia esquerda-direita — 105

Capítulo 5: A polêmica de que os estatísticos gostam: amostra probabilística *versus* amostra por cotas — 137

Capítulo 6: Como utilizar dados agregados para formular índices — o caso do índice de qualidade municipal — carências — 165

introdução

O OBJETIVO DESTE LIVRO É AJUDAR OS PESQUISADORES NA ÁREA DE CIÊNcias sociais, particularmente os envolvidos com metodologia de pesquisa e com a realização de *surveys*, a compreender o erro não amostral e tomar medidas para evitá-lo. Na verdade, este é o primeiro livro em língua portuguesa que trata desse assunto. Além disso, é a primeira vez que esse assunto é tratado, também em língua portuguesa, por meio de exemplos genuinamente brasileiros. Não se trata aqui de defender um ponto de vista nacionalista, já há muito ultrapassado em diversos aspectos de nossa vida. Mas, sim, de reconhecer que em pesquisas que tratam de assuntos sociais e políticos, fazendo uso de questionários de pesquisa, o contexto cultural é muito importante.

Há regras gerais, é verdade, que se aplicam a qualquer país. Mas não é menos verdade que os exemplos aqui apresentados, por serem retirados de pesquisas feitas no Brasil, com questionários em português, aplicados por brasileiros a brasileiros, podem servir de base e orientação para aqueles que desejam aperfeiçoar seus instrumentos de medição em *surveys* e pesquisas feitas no Brasil.

Este é um livro, portanto, que trata, por meio de exemplos práticos, do problema do erro não amostral. Esse é o único tratamento possível para o erro não amostral, posto que, como será visto, ao contrário do erro amostral, ele não se presta à fomalização matemática generalizante. O erro não amostral é um erro de natureza empírica, e é tratado dessa forma pela literatura internacional. Todo o conhecimento acumulado em relação a esse tema foi possível graças ao acúmulo de exemplos práticos. Assim, o leitor encontrará neste livro respostas para as seguintes perguntas:

- O que é um erro de medição?
- Por que erros de medição são importantes? O que isso tem a ver com a ciência?
- O que é um erro amostral?
- O que é erro não amostral?
- Quais são os principais tipos de erro não amostral?

Além de inúmeros exemplos que irão contribuir para que o leitor compreenda não apenas a lógica e a prática da medição de variáveis políticas e sociais, mas também venha a saber como evitar alguns tipos de erros não amostrais.

Gostaria de agradecer à colaboração de três pessoas que fizeram uma leitura muito atenta, pormenorizada e útil do manuscrito deste livro: Andreia Schroeder, Luciana Pitelli e Ricardo Contrera. Graças ao olhar de lince dos três, várias correções importantes foram realizadas.

Antes de entrar no conteúdo do livro, gostaria de registrar que todos os dados utilizados aqui ou são públicos ou tiveram a autorização de clientes, contratantes e institutos para serem utilizados com fins acadêmicos.

Por que medir?

A primeira pergunta que qualquer leitor de um livro que trata de medição quer ver respondida é: O que significa medir? E a segunda pergunta é: Por que medir é importante? As respostas a ambas as perguntas são simples e diretas. Medir é atribuir valores a variáveis. Variável pode ser definida como sendo uma característica observável de algum fenômeno. Essa característica pode assumir mais de um valor. O gênero ou sexo de uma pessoa é uma variável, podendo assumir os valores feminino e masculino. A profissão ou ocupação é uma variável, podendo assumir inúmeros valores, tais como urbana especializada, urbana manual, rural especializada e rural manual. Fica claro, portanto, que assumir valores não significa necessariamente que tais valores sejam números. Isso irá depender da natureza das variáveis. Nos dois exemplos anteriores a variável é nominal ou categórica, mas existem as variáveis intervalares, como é o caso de PIB (ou riqueza), número de filhos por mulher (ou fecundidade) e número de anos de estudo (ou escolaridade).

Medir é importante porque permite várias coisas. A primeira é aprender mais sobre algo que já sabemos. A temperatura está elevada é uma informação relevante. Contudo, afirmar que ela é de 40 graus Celsius significa dar uma informação mais completa, posto que não apenas se limita a dizer que está quente, mas quão quente está o clima. Uma outra vantagem da medição é que ela nos permite diminuir a incerteza inerente a qualquer conhecimento científico. Sabe-se que brasileiros e norte-americanos têm ideologias diferentes quando se trata das relações entre indivíduos. Todavia, a incerteza é menor quando se atribui valor a tal diferença: os brasileiros se regem por uma relação pessoalista, ao passo que os norte-americanos são guiados por uma ética individualista.

A terceira vantagem é a padronização. Por meio da medição, é possível tratar de forma equivalente objetos diferentes. Por exemplo, a pobreza pode ser estimada na Índia e no Brasil. A situação da opinião pública quanto a um tema pode ser comparada em dois lugares ou dois momentos diferentes. Uma última vantagem de se realizar medições é que elas nos permitem discriminar de maneira detalhada o objeto em estudo. Há várias consequências importantes nisso: as descrições se tornam mais precisas, reduz-se a ambiguidade, as teorias são melhoradas. Não há dúvida que o nível de escolaridade exerce influência (explica) o nível de renda. Isso se constitui em uma teoria social, ainda que óbvia. Mas com uma medição adequada é possível ir bem mais longe, pode-se afirmar, por exemplo, quanto se acresce na renda (em qualquer moeda) para cada ano a mais de escolaridade que uma pessoa adiciona sua formação. Assim, a descrição do fenômeno se torna mais precisa, reduz-se a ambiguidade e a teoria é melhorada.

Como afirmei antes, medir não significa quantificar, ainda que quantificar, na maioria das situações, melhore a medição. Muitos avanços da ciência, nas mais diversas áreas, dependeram e dependem da quantificação. Grande parte da tecnologia que mudou para melhor a vida dos seres humanos não pode prescindir da quantificação, desde a realizada pela química, que resulta no desenvolvimento de medicamentos, até a quantificação da física, que resulta nas diversas engenharias existentes, as quais nos proporcionam construções, energia elétrica, computadores, apenas para citar alguns exemplos. A quantificação também é de grande importância para as ciências sociais. Também graças a ela é possível intervir de maneira eficaz no mundo. Isso diz respeito a qualquer modalidade de política pública: planos de estabilização econômica, ações de combate à pobreza, planos de melhoria da escolarização das pessoas, para ficar em alguns poucos exemplos. Sem a medição por meio de números, nada disso poderia ser feito.

Ainda assim, vale enfatizar que quando se utiliza o termo medição não estou me referindo apenas às medições quantitativas, mas a qualquer medição. E quanto a isto vale registrar que não há nada que não possa ser mensurado. Quando acontece de um analista, cientista ou técnico não ser capaz de mensurar alguma coisa, é porque suas ideias são indeterminadas. Isso quer dizer que só é possível mensurar conceitos e definições, e estes têm de ser claros e bem determinados.

Os princípios fundamentais de uma medição bem realizada

Nesta seção irei abordar os erros de medição de um ponto de vista mais fundamental, mais geral, ao passo que na seção seguinte isso será feito em um plano mais técnico e aplicado. Do ponto de vista geral, há três grandes tipos de erros em uma medição:

1. *Falta de sensibilidade.* Ocorre quando uma medição tem pouca capacidade de discriminar o que é medido. Um termômetro que mede a temperatura em uma escala de 1 grau é mais sensível do que um outro que tem uma escala de 10 graus. Dizer que há relações pessoalistas no Brasil é menos satisfatório do que construir um índice de pessoalismo e discriminar em que graus diferentes populações, de diferentes estados, sao pessoalistas.
2. *Flutuação aleatória.* Em qualquer medição há flutuação aleatória. Sem que haja mudança no estado da matéria, um mesmo termômetro pode fornecer temperaturas diferentes, ainda que a diferença seja pequena, da ordem de casas decimais. O fato é que quanto menor a flutuação aleatória, mais confiável é a medição.

3. *Erro sistemático ou viés.* Afirma-se que uma medição tem erro sistemático quando há um desvio consistente e na mesma direção. Ainda no exemplo da temperatura, se um termômetro está calibrado de maneira errada, de forma a fornecer sistematicamente temperaturas mais elevadas do que as realmente ocorridas, então se diz que há um erro sistemático. Para se falar em erro sistemático, é preciso apontar qual o fator que causa esse tipo de erro. Além disso, quando não há erro sistemático a medição pode ser considerada acurada.

As noções de falta de sensibilidade de uma medição e flutuação causal revelam que não adianta melhorar a sensibilidade de uma medição, se não se diminui, concomitantemente, sua flutuação aleatória. A sensibilidade da medição de temperatura é pouco útil se a flutuação aleatória de um termômetro é de 10 graus, e sua sensibilidade de 1 grau. Em pesquisas de opinião, com margem de erro de 5 pontos percentuais para cima e para baixo (justamente o erro que mede a flutuação aleatória), pouco adianta terem sido obtidos resultados com casas decimais.

4. *Validade.* A raiz da palavra validade é a mesma de valor, significa força. Uma medição válida é a que mede aquilo que se propõe medir. A validade demanda, em primeiro lugar, que seja claramente estabelecido o conceito ou a definição que se deseja medir. Então são buscados indicadores para o conceito. Além disso, para que uma medição seja válida, ela tem de estar livre de erro. Isso certamente é um ideal a ser buscado, posto que nenhum cientista tem a ilusão de que sua medição não tenha erro algum. Todavia, podemos ao menos esperar que o erro seja minimizado, que ele seja reduzido ao mínimo.

Assim, quando se aprimora a sensibilidade e a confiabilidade de uma medição, e as fontes de erro sistemático são identificadas e eliminadas, os valores de diferentes medições do mesmo conceito convergem para um determinado valor. Dito de outra maneira, se vários técnicos ou cientistas realizam medições cada vez mais precisas, então há uma convergência em seus resultados. Um bom exemplo é o das pesquisas eleitorais.

Quando os resultados de pesquisas realizadas por vários institutos diferentes divergem muito, mantendo-se constantes características como data de realização das pesquisas, população pesquisada e tamanho da amostra, além de outras características relevantes, e ainda assim os resultados são muito diferentes, afirma-se que alguma pesquisa está errada. Quando, ao contrário, os resultados são idênticos ou muito parecidos, considerando-se a margem de erro amostral, diz-se que as pesquisas estão todas corretas. Para as pesquisas de prognóstico e de boca de urna, feitas, respectivamente, um dia antes e no dia da eleição, o grau de correção da medição pode ser conferido comparando-se com os resultados eleitorais.

Para concluir esta seção, chamo a atenção para duas coisas importantes. A primeira, na verdade uma ênfase, é que não existem medições totalmente corretas ou verdadeiras. As medições são sempre imperfeitas e o que se busca de maneira constante é o seu aperfeiçoamento. A metodologia científica, as técnicas de pesquisa e o treinamento nos procedimentos da ciência cumprem esse objetivo. O segundo ponto importante é que uma medida nunca é melhor do que as operações empíricas levadas a cabo para realizá-la. Disso deriva a enorme importância de vários procedimentos que têm como fim último o controle da subjetividade da influência do pesquisador nos resultados da pesquisa e da análise. Também disso derivam os avanços metodológicos que objetivam aperfeiçoar os instrumentos de medição, quaisquer que sejam eles.

O passo-a-passo de uma medição

Neste item, listo de forma breve os principais passos de uma medição. O primeiro passo, sem o qual não há o que se mensurar, é o estabelecimento de um conceito ou definição. É necessário dizer o que se deseja medir. Em seguida, devem ser estabelecidos os critérios para se realizar uma medição. Esses critérios são muitas vezes universais, tais como sensibilidade, confiabilidade ou validade, mas devem ser operacionalizados para cada tipo de medição e de conceito. Além disso, há conceitos que são multifacetados e outros que não o são, há conceitos mais simples e os mais complexos. Os critérios de medição têm de levar em conta tais variações entre aquilo que se quer medir.

Uma vez estabelecidos os critérios de medição, é necessário selecionar os indicadores. Cada indicador selecionado, no caso de mais de um, tem de ser cuidadosamente avaliado do ponto de vista lógico. As perguntas de tal avaliação convergem para a pergunta da validade: O indicador selecionado parece medir aquilo que foi conceituado? A resposta tem de ser afirmativa, acompanhada das justificativas pertinentes. Após a seleção dos indicadores, são definidos e desenvolvidos os instrumentos e procedimentos de levantamento de dados. Em seguida, eles são aplicados. Esse é o passo, propriamente dito, da realização do levantamento de dados.

Os dois últimos passos são o do tratamento e análise dos dados, e o da validação da medição. Para cada tipo de dado há um tipo de tratamento e de instrumental analítico a ser aplicado. Mesmo em tipos semelhantes de dados pode haver tratamentos diferentes. Este é o caso da estatística, que, por exemplo, desenvolveu uma técnica especial para analisar séries temporais de dados, mas que aplica outra técnica para os mesmos dados, desde que analisados no tempo. Por fim, o teste ou validação da medição é sempre necessário para novas medições. Esse teste é necessariamente um teste empírico. Um exemplo é a contribuição de Robert Putnam, que, ao medir desempenho de governo por meio de indicadores "objetivos", comparou os resultados dessa medição com uma outra medição, a que por excelência mede esse desempenho: pesquisas de opinião que perguntam ao eleitor a sua avaliação do governo (medição "subjetiva"). Putnam constatou que os resultados convergiam. Os resultados da medição "objetiva" estavam de acordo com a medição "subjetiva".

Os tipos de erros

Os tipos de erros que serão tratados nesta seção se aplicam às pesquisas por meio de amostras. Apesar disso, esta seção é útil para analisar outros tipos de medições, por exemplo, as feitas por meio de dados agregados ou por meio de censos. Há duas razões para isso. A primeira é que a lógica que preside a realização de medições é a mesma, qualquer que seja o tipo de técnica empregado. A segunda é que no caso dos dados secundários (os dados agregados são um tipo de dado secundário), não se pode perder de vista que eles foram dados primários em algum momento e para alguma instituição, aquela que o coletou pela primeira vez.

O erro amostral

Há dois tipos básicos de erros: o erro amostral e os erros não amostrais. O erro amostral diz respeito ao desenho de uma amostra. Sendo a amostra uma pequena parcela da população, que teoricamente representa a população estudada em todas as suas características, haverá sempre um erro de medição associado às características da amostra. Nas mesmas condições de levantamento de dados, o erro amostral deixaria de existir se em vez de uma amostra fosse pesquisada toda a população, isto é, se fosse feito um censo.

O tamanho do erro amostral depende de vários fatores, o mais importante e conhecido é o tamanho da amostra. Mantidas constantes as outras características de uma amostra, quanto maior ela for, menor será o erro amostral. Os outros fatores que influenciam o erro amostral são: a variância na população das variáveis de interesse que serão pesquisadas, o desenho da amostra e o método de estimação. O erro amostral pode ser minimizado por meio de um plano amostral bem elaborado. Note-se que ele apenas pode ser minimizado, mas jamais eliminado. Vale lembrar que os erros amostrais irão existir em dados agregados de institutos oficiais de estatística sempre que a pesquisa que coletou o dado tiver sido baseada em amostra.

A título de exemplo, convém lembrar que o erro amostral, denominado margem de erro, é sempre divulgado pela imprensa quando são apresentados resultados de pesquisas de opinião. Erros de mais ou menos 3 e de mais ou menos 5 pontos percentuais são os mais comuns.

Os erros não amostrais

Há três tipos básicos de erros não amostrais: os erros de cadastro, os erros associados à não resposta e os erros de medição.

Erros de cadastro

Quando se elabora uma amostra probabilística é necessário obter informações sobre as unidades da população que se deseja pesquisar. Sem tais informações não é possível elaborar a amostra. Por exemplo, se for realizada uma pesquisa sobre o que pensam os professores da Universidade Federal Fluminense (UFF), o primeiro passo é obter junto à direção da universidade o cadastro com os nomes dos professores. A partir desse cadastro, por meio de um sorteio aleatório, a amostra é selecionada. Este exemplo torna claro que o cadastro, nesse caso de nomes (poderia ser um cadastro de setores censitários ou de domicílios), fornece a informação sobre as unidades finitas da população que será estudada.

O exemplo anterior, do cadastro de professores da UFF, apresenta o tipo mais simples de cadastro. Há casos, muito comuns, nos quais não é possível ter uma lista de nomes. Isso se aplica ao eleitorado e à população adulta do Brasil, do Estado do Rio de Janeiro e de qualquer outra unidade geográfica do Brasil. Uma maneira de se sortear as pessoas que irão fazer parte da amostra é por meio da listagem de setores censitários provida pelo IBGE. Obtém-se o cadastro dos setores censitários, do Brasil ou do Rio de Janeiro, dependendo da população a ser estudada, procede-se um sorteio aleatório que irá selecionar um determinado número de setores. O passo seguinte é ir a cada setor, listar e numerar todos os domicílios, o que equivale a produzir um cadastro com os domicílios daquele setor, e em seguida proceder ao sorteio de um determinado número de domicílios. Por fim, o último passo é listar as pessoas residentes nos domicílios sorteados e realizar o sorteio de uma pessoa que será a entrevistada. Este exemplo mostra como um cadastro inexistente de nomes pode ser substituído por uma combinação de cadastros.

Os erros de cadastro podem ser dos seguintes tipos: ausência de unidades da população, unidades que não pertencem à população, multiplicidade de unidades, informação auxiliar incorreta e informação de acesso incorreta. Os dois primeiros tipos de erros são os mais importantes.

A ausência de unidades da população ocorre quando nem todos os elementos da população constam no cadastro. No exemplo da lista de professores esse erro ocorreria se o cadastro estivesse desatualizado, sem os nomes dos professores contratados pela universidade no último ano. O resultado é o chamado erro de cobertura. Quando a amostra for sorteada, uma população relevante para o estudo — a dos professores recém-contratados — não será alcançada, havendo assim a subcobertura.

Do ponto de vista lógico, e não prático ou empírico, um erro equivalente pode acontecer também nas amostras não probabilísticas. Para que isso aconteça, basta que a amostra seja desenhada de maneira a não permitir que determinadas unidades da população estudada caiam nela.

O erro oposto é a sobrecobertura. Ele ocorre quando constam no cadastro nomes que não formam a população pesquisada. Se no cadastro de professores da UFF constarem erradamente nomes de funcionários da universidade, eles terão chances de serem sorteados, mesmo não sendo objeto do estudo. Do ponto de vista exclusivamente lógico isso aconteceria em uma pesquisa eleitoral não probabilística se eleitores de um outro estado fossem entrevistados em uma pesquisa sobre o Estado do Rio de Janeiro.

A multiplicidade de unidades ocorre quando a mesma unidade de uma população estiver presente em dois cadastros diferentes. Por exemplo, se formos fazer uma pesquisa com médicos de hospitais públicos, uma forma de selecionar a amostra é listando os hospitais e sorteando alguns para a pesquisa, e dentro dos hospitais sorteados listar os médicos, sorteando em seguida os que serão entrevistados. Todavia, um médico pode trabalhar em dois ou mais hospitais. Nesse caso ele teria mais chances de ser entrevistado do que um médico que trabalhasse em apenas um hospital público. É necessário, para corrigir esse erro, eliminar os nomes duplicados.

O erro de informação auxiliar incorreta ocorre quando alguma informação do cadastro que será utilizado para a estratificação, ou para um sorteio com probabilidade proporcional ao tamanho, estiver errada. Se a probabilidade de sortear um hospital estiver relacionada com o número total de funcionários, e se essa informação estiver errada, então as probabilidades assinaladas para cada hospital sorteado estarão também erradas.

Por fim, a informação de acesso incorreta é muito semelhante ao problema da subcobertura. Ela ocorre quando todas as unidades constam na lista, mas não é possível localizá-las. Por exemplo, o cadastro de professores da UFF pode estar correto, mas sem os telefones e endereços de diversos professores sorteados na seleção da amostra. Nesse caso, eles não serão encontrados. O mesmo pode acontecer com a listagem de domicílios de um setor censitário. As características de localização podem estar incompletas ou desatualizadas, não permitindo a localização do domicílio.

Como pode ser notado, os erros associados ao cadastro dizem respeito exclusivamente a pesquisas amostrais. Ele não ocorre em censos. Todavia, os demais erros não amostrais, apresentados a partir do próximo subitem, podem ocorrer também em censos.

Erros de não resposta

Existem dois tipos básicos de não resposta: a da unidade e a não resposta ao item. A não resposta da unidade ocorre quando uma unidade relevante não responde à pesquisa, ou simplesmente não é pesquisada. A não resposta ao item ocorre quando um item do questionário, ou do formulário de coleta de dados, não é respondido.

O processo de levantamento de dados, de realização de uma pesquisa de opinião, ou de censos, exige que a unidade pesquisada seja localizada. Em seguida é solicitado a tal unidade que se submeta ao processo de coleta de dados, e, finalmente, se a solicitação é atendida, o dado é coletado. Assim, existem três etapas nas quais a não resposta pode acontecer. O acesso a áreas pobres e violentas se tornou um problema do Brasil do final do século XX e início do século XXI. Pessoas que residem em áreas controladas pelo tráfico de drogas podem não ser localizadas. Residências e pessoas localizadas podem não querer atender ao instituto de pesquisa que realiza o levantamento. Isso acontece, em geral, por causa do medo da violência, em condomínios fechados de classe média alta.

Uma terceira causa da não resposta em função da localização da unidade é o período no qual se tenta fazer a localização. Pessoas que trabalham tendem a ficar em casa nos dias de semana à noite ou nos fins de semana. Caso o contato seja feito em outros horários que não este, é possível que a unidade selecionada não seja pesquisada. Outros fatores também influenciam no sucesso ou fracasso de se localizar uma unidade, tais como o número de novas tentativas, até que a pessoa seja localizada, e a competência de quem faz os contatos. Existem pesquisadores mais e menos hábeis no processo de localização.

A segunda etapa é a solicitação para que seja dada a entrevista ou coletados os dados. A princípio, uma pessoa nada tem a ganhar ao conceder uma entrevista. Assim, para que ao ser solicitada ela responda afirmativamente, algumas condições, isoladamente ou em conjunto, têm de estar presentes. A pessoa tem de querer conceder a informação ou dar a entrevista. Adicionalmente, ela pode querer fazer isso porque acha relevante o conteúdo do estudo realizado, e portanto estaria dando uma contribuição social. Outras motivações para participar são a empatia com o entrevistador, a percepção de que dar a entrevista pode vir a ser uma experiência enriquecedora, ou mesmo o desejo de ajudar aquele que, ao buscar obter a entrevista, está trabalhando.

Durante a coleta de dados podem ocorrer dois tipos de não resposta: a não resposta ao item ou a desistência de responder ao questionário. Ainda que seja um fato raro, pode acontecer que um entrevistado se sinta ofendido, ou invadido em sua privacidade, em função de determinadas perguntas de um questionário. Isso pode vir a se tornar um motivo para desistir de responder às perguntas subsequentes.

É interessante sublinhar que há diversos fatores que influenciam os níveis de não resposta de uma pesquisa. O primeiro deles é o próprio conceito de não resposta. Dependendo de como se conceitua, e consequentemente de como se calcula a taxa de resposta (ou o seu complemento, a taxa de recusa), uma mesma pesquisa pode apresentar níveis completamente distintos de não resposta. O segundo fator importante é constituído pelos procedimentos de uma pesquisa. Há pesquisas que têm procedimentos mais exigentes para se obter uma entrevista: no mínimo três retornos ao domicílio em diferentes dias e horários para tentar fazer contato com a pessoa sorteada para dar a entrevista, uma equipe especialmente treinada para persuadir aqueles que decididamente se recusam a conceder a entrevista, algum tipo de remuneração em troca da entrevista, e outros procedimentos que visem obter a colaboração da pessoa sorteada. Por outro lado, há pesquisas menos insistentes na obtenção de entrevistas difíceis. Em geral, a principal razão para ser mais ou menos insistente na obtenção das entrevistas é o orçamento disponível. Pesquisas que têm procedimentos específicos de combate à não resposta tendem a ser mais caras do que pesquisas que não fazem isso.

Um outro fator que influencia nos níveis de não resposta é a experiência da equipe que realiza o trabalho de campo. Pesquisadores mais experientes tendem a conhecer, na prática, a "manha" necessária para obter uma entrevista, desde técnicas sutis de persuasão de porteiros e síndicos até procedimentos que evitem intimidar ou gerar desconfiança nos residentes de um domicílio. Por fim, um outro fator importante que influencia os níveis de não resposta é o tipo de população pesquisada. Há populações mais e menos dispostas a conceder uma entrevista. Nas áreas mais ricas de cidades como Rio de Janeiro e São Paulo pode ser muito difícil conseguir as entrevistas em função do medo generalizado. Há inúmeros casos de quadrilhas especializadas em assaltos a residências que se utilizam de disfarces para invadir os domicílios, e um desses disfarces pode ser o de pesquisador. Por outro lado, populações mais pobres tendem a conceder entrevistas com maior facilidade, uma vez que a entrevista é vista como uma oportunidade de "ser ouvido".

O segundo tipo de não resposta, a não resposta ao item, ocorre quando os entrevistados concedem a entrevista, mas se recusam a responder a determinadas perguntas. É sabido, por exemplo, que em pesquisas domiciliares há um percentual elevado de pessoas que se recusam a dizer qual a sua renda familiar. Isso acontece porque o entrevistador encontra-se dentro de sua casa, gerando um efeito de intimidação. Há outras razões para não se responder a uma pergunta: falta de interesse em responder, inexistência de opinião quanto ao tema, dificuldade em compreender o que é perguntado, vergonha em relação à opinião quanto a um tema etc.

A não resposta é uma importante fonte de erro de pesquisas de opinião. Isso ocorre porque pode haver um viés associado à não resposta: as pessoas que se recusam a conceder uma entrevista, ou a responder a uma pergunta específica, podem pensar diferentemente daqueles que dão as entrevistas e respondem a todas as perguntas. Por exemplo, no caso da não resposta à pergunta sobre renda, é possível que ela seja mais comum entre os de renda mais elevada do que os de renda mais baixa, resultando em uma medição errada da renda da população.

Um outro exemplo interessante de erro de pesquisa causado em grande parte por não reposta aconteceu em 1992 nas eleições britânicas. Naquela ocasião quase todos os institutos de pesquisa importantes erraram a margem de vitória dos conservadores sobre os trabalhistas em mais de sete pontos percentuais, subestimando de forma sistemática a força dos conservadores. Houve institutos que previram de maneira totalmente errada a vitória trabalhista. Análises das pesquisas realizadas após as eleições detectaram que os eleitores conservadores tenderam a se recusar a conceder entrevistas em uma proporção maior do que os eleitores trabalhistas. O resultado desse padrão de não resposta é a subestimação do voto conservador.

Erros de medição

Um outro tipo de erro não amostral é o erro de medição. Ele pode ser definido como sendo a atribuição de valores errados às variáveis mensuradas. Toda medição para ser realizada necessita de instrumentos e de procedimentos de medição. Caso haja algum tipo de erro, quer no instrumento, quer na operacionalização da medição, então haverá um erro de medição. Retornando ao exemplo da temperatura, há um erro de medição quando ela é mensurada por um termômetro danificado, ou quando um termômetro em boas condições é manuseado de forma errada por quem faz a medição.

Em pesquisas de opinião há três grandes fontes de erros de medição: o questionário, os procedimentos do trabalho de campo e a operacionalização propriamente dita dos procedimentos do trabalho de campo.

No que diz respeito ao questionário há vários erros possíveis, e todos eles se resumem ao fato de o questionário e as perguntas utilizadas não captarem de maneira acurada o que se deseja medir. Por acuidade deve se entender a diferença entre o valor obtido pela medição e o valor real da variável na população. Um questionário pode levar a uma medição errada por inúmeras razões: fraseado da pergunta errado, perguntas que induzem a determinadas respostas, perguntas que intimidam o entrevistado, a ordem das perguntas no questionário, escalas de respostas erradas, perguntas formuladas de maneira a serem mal compreendidas pelo entrevistado etc.

Os capítulos 1, 2, 3 e 5 do livro apresentam erros de medição que têm origem no questionário. Será visto que cada um dos capítulos trata de uma modalidade diferente de erro na formulação do questionário, mas que têm em comum o fato de serem todos eles erros na formulação.

Um outro tipo de erro de medição pode ter origem no trabalho de campo. Note-se que o trabalho de coleta de dados é a operacionalização propriamente dita do instrumento de pesquisa. Um trabalho de campo mal realizado e mal controlado tende a resultar em erros de medição. Assim como no questionário, as modalidades desse tipo de erro podem ser bastante variadas: os procedimentos do trabalho de campo, entrevistadores mal treinados, entrevistadores que não cumprem os mesmos procedimentos, equipe de campo inexperiente, a técnica de entrevista (domiciliar ou não domiciliar, no caso de entrevistas domiciliares: somente o entrevistado ou o entrevistado com a presença de uma outra pessoa), a aparência dos entrevistadores etc.

O capítulo 4 do livro apresenta exemplos de variações em medições em função da técnica de entrevista, se domiciliar ou não domiciliar. Será visto nesse capítulo que o tipo de amostra é menos relevante para explicar a variação de determinadas medições do que a situação na qual a entrevista é realizada.

Há outros erros de medição que, dependendo da situação, muito dificilmente podem ser evitados ou contornados por técnicas de entrevistas ou formulações de questionário. Um desses erros é o que na língua inglesa se denomina de *silence spiral*. A espiral do silêncio ocorre quando uma parcela significativa da população pesquisada opina na direção oposta àquela que ela realmente pensa. Esse fenômeno, para resultar em erro de medição, tem de ser sistemático. O exemplo clássico desse fato é quando em campanhas eleitorais um partido, um candidato ou uma corrente política são fortemente estigmatizados. Nessa situação, parte do eleitorado pode vir a dizer que irá votar no candidato não estigmatizado, quando na verdade votará no outro candidato. Há a possibilidade de que esse fenômeno se torne amplo o suficiente para interferir nos resultados da pesquisa, levando a erros sérios.

capítulo 1

As pesquisas eleitorais indicam que o Natal vai cair entre 20 e 30 de dezembro

CAPÍTULO 1

Toda eleição se parece quando as pesquisas eleitorais são o tema do debate. Elas erram, elas erram!, é o bordão principal. Aqueles que ficam com mais votos nas urnas do que nas pesquisas denunciam uma suposta manipulação para prejudicá-los. Particularmente quando o "aqueles" é um candidato que ficou em segundo lugar. Suspeitas não provadas são levantadas. Há de tudo, candidato que contrata um instituto de pesquisa local para conferir um outro instituto, os que presenciaram uma negociação duvidosa, os que afirmam terem visto eleitores mudando de voto por causa das pesquisas etc. Qualquer que seja a história, a conclusão é uma só: as pesquisas erram, e muito.

No terreno da técnica, o mundo dos estatísticos, a crítica recai sobre a amostra. No Brasil não se utiliza a amostra probabilística, mas sim a amostra por cotas. Nesse caso, tomam-se os dados censitários do Censo do IBGE, os amostrais da Pnad, e projeta-se para a população uma amostra que seja proporcional a sexo, idade, escolaridade, região e outras variáveis consideradas importantes para o voto. Os estatísticos estão certos a não ser por um pequeno detalhe: a amostra probabilística é muito cara e não haveria clientes para eles. Ou se faz a

Erros nas pesquisas eleitorais e de opinião

amostra probabilística sem fazer pesquisas, ou se faz pesquisas sem fazer amostra probabilística. É a escolha entre o mal menor. Apesar disso, cabe a pergunta: Quantas pesquisas ficaram fora da margem de erro? Há resposta para essa pergunta?

Este texto aborda o desempenho das pesquisas eleitorais feitas no Brasil comparando seus resultados com os respectivos resultados eleitorais. São avaliadas as pesquisas publicadas na imprensa feitas antes das eleições e também as de boca de urna. Mais de 550 resultados de pesquisas são confrontados com os resultados eleitorais em 1986, 1988, 1989, 1990, 1994, 1996, 1998, 2000 e 2002.

Exatas 562 pesquisas são comparadas com as urnas. Sem exceção, todas foram publicadas. Destas, 41% foram pesquisas feitas por um instituto (tabela 1), 35% por um outro instituto e 24% por um terceiro instituto. O número delas é crescente com o passar dos anos. Poucas foram feitas na década de 1980 (tabela 2), a maior parte na década de 1990, e um grande número na ainda inconclusa primeira década do século XXI. Convencionou-se, para efeito deste texto, denominar "pesquisas de prognóstico" as realizadas antes dos pleitos e pesquisas de boca de urna as que são feitas após o eleitor depositar seu voto. A rigor, só se pode esperar que caiam dentro da margem de erro as pesquisas de boca de urna, já que a cabeça do eleitor pode mudar antes de ele entrar na cabine de votação — 24% do total de pesquisas aqui avaliadas são desse tipo. As demais foram feitas antes das eleições.

A maior parte delas foi realizada com o intuito de acompanhar a disputa para governador — 220 pesquisas ou 39% do total —, seguidas das pesquisas para prefeito, senador e presidente (tabela 4). Considerou-se pesquisa de primeiro turno e turno único, além daquelas feitas para este turno de uma eleição prevista para acontecer em duas rodadas, aquelas feitas para eleições de senador e de prefeitos de cidades com eleição em apenas um turno (tabela 5) — elas são a grande maioria, 457 pesquisas ou 81% do total. As pesquisas de segundo turno são 105 ou 19%.

Sudeste e Nordeste são os campeões de pesquisa, juntos totalizam 60% do total, 35% para o Sudeste e 25% no Nordeste (tabela 6). Sul e Centro-Oeste ficam próximos, 17% foram na primeira região e 13% no Planalto Central do Brasil. O Norte, em função de sua logística que encarece as pesquisas, soma apenas 7% do total dos estudos. Enquanto a cada quatro anos são 27 eleições para governos estaduais e senadores e apenas uma para presidente, é compreensível que somente 4% das pesquisas analisadas sejam para a disputa do mandatário máximo da nação.

Os três estados do Sul, o Distrito Federal e os três maiores estados do Sudeste concentram o maior número de pesquisas (tabela 7). Eles são seguidos dos três maiores estados nordestinos, Bahia, Pernambuco e Ceará, além de Goiás. Depois dos estados, quem mais foi premiado com as informações das pesquisas foram os eleitores das cidades de São Paulo, Rio de Janeiro e Belo Horizonte. Somando-se às pesquisas nacionais, temos aí praticamente 60% das 562 pesquisas avaliadas. As pesquisas de boca de urna, mais as feitas no dia anterior e dois dias antes da eleição, são 75% de todas as que foram estudadas (tabela 8). Quando se aumenta um pouco, para cinco dias, a distância entre a pesquisa e a eleição, tem-se quase 90% de todas as pesquisas avaliadas.

Tabela 1
Pesquisas por instituto

	Número de pesquisas	Percentual
Instituto A	232	41%
Instituto B	197	35%
Instituto C	133	24%
Total	562	100%

Tabela 2
Pesquisas por ano

	Número de pesquisas	Percentual
1986	1	0,2%
1988	41	7%
1989	6	1%
1990	40	7%
1994	115	21%
1996	76	14%
1998	110	20%
2000	67	12%
2002	106	19%
Total	562	100%

Tabela 3
Pesquisas por tipo

	Número de pesquisas	Percentual
Prognóstico	430	77%
Boca de urna	132	23%
Total	562	100%

Tabela 4
Pesquisas por cargo

	Número de pesquisas	Percentual
Governador	220	39%
Senador	137	24%
Prefeito	184	33%
Presidente	21	4%
Total	562	100%

Tabela 5

Pesquisas por turno da eleição

	Número de pesquisas	Percentual
Segundo turno	105	19%
Primeiro turno e turno único	457	81%
Total	562	100%

Tabela 6

Pesquisas por região do país

	Número de pesquisas	Percentual
Sul	96	17%
Sudeste	197	35%
Nordeste	140	25%
Centro-Oeste	71	13%
Norte	37	7%
Brasil	21	4%
Total	562	100%

Tabela 7

Pesquisas por estados e cidades

	Número de pesquisas	Percentual
SP	32	6%
RJ	31	6%
MG	28	5%
DF	27	5%
SC	26	5%
RS	26	5%
PR	23	4%
PE	20	4%
BA	20	4%
CE	19	3%
GO	16	3%
São Paulo*	13	2%
Rio de Janeiro*	13	2%
Belo Horizonte	13	2%
Brasil	21	4%
Total parcial	328	58%
Total geral	562	100%

* município

Tabela 8
Número de dias entre a pesquisa e a eleição

	Número de pesquisas	Percentual
0	133	24%
1	163	29%
2	127	22%
3	26	5%
4	26	5%
5	25	4%
Total parcial	500	89%
Total geral	562	100%

Viva o primeiro colocado, ele tem mais votos na pesquisa do que na urna

Discrepância não é erro. Em cada uma das 562 pesquisas foi medida a distância entre ela e o resultado eleitoral. Em 1998, no Ceará, um dia antes da eleição, uma pesquisa indicou que Tasso Jereissati teria 13 pontos percentuais a mais do que acabou tendo nas urnas (tabela 9). Na pesquisa, o segundo colocado ficou cinco pontos percentuais acima e o terceiro colocado quatro pontos percentuais abaixo das urnas.[1] Os "sem candidato", que incluem na

---

[1] Os candidatos que tinham percentuais menores que 5% nas pesquisas tiveram seus percentuais somados e foram renomeados como "outros", e essa soma foi comparada com a respectiva soma no resultado eleitoral. O candidato com 5% ou mais das intenções de voto não entrou na soma "outros".

pesquisa brancos, nulos e indecisos e nas urnas apenas os brancos e nulos, ficaram muito diferentes: foram 9% na pesquisa e 24% nas urnas. Uma diferença de 15 pontos percentuais.[2] Desprezando-se o sinal de positivo e negativo, e somando-se tudo, tem-se que a discrepância dessa pesquisa em relação ao resultado foi de 37 pontos percentuais (tabela 9).

Tabela 9

Ilustração do cálculo da discrepância entre o resultado de pesquisa e o resultado eleitoral (exemplo para a eleição do Ceará, 1998, governador, primeiro turno, pesquisa de prognóstico)

	Pesquisa de prognóstico	Resultado eleitoral	Diferença absoluta pesquisa — eleição
Tasso — PSDB	61%	48%	13 pontos percentuais (pp)
Gonzaga Mota — PMDB	22%	17%	5 pp
José Aírton — PT	7%	11%	4 pp
Outros	1%	1%	0 pp
Sem candidato	9%	24%	15 pp
Discrepância total			37 pp

---

[2]Nos resultados de pesquisas a rubrica "sem candidato" representa a soma dos resultados para "indecisos", votos "em branco" e "nulos". Essa mesma rubrica, no resultado da eleição, é a soma de apenas votos "em branco" e "nulos". A título de exemplo (tabela 9), no primeiro turno da eleição para governador do Ceará em 1998 um instituto estimou que os "sem candidato" seriam 9%, quando foram 24%. Como o percentual de 9% contém os indecisos, que não existem em resultados eleitorais, a discrepância da estimativa dos votos em branco e dos nulos foi ainda maior do que 15 pontos percentuais.

Erros nas pesquisas eleitorais e de opinião

Tabela 10

Minas Gerais, 1994, governador, primeiro turno, pesquisa de prognóstico

	Pesquisa de prognóstico	Resultado eleitoral	Diferença absoluta pesquisa — eleição
Hélio Costa — PP	47%	33%	14 pontos percentuais (pp)
Eduardo Azeredo — PSDB	21%	18%	3 pp
Antônio Carlos — PT	6%	7%	1 pp
José Alencar	7%	7%	0 pp
Outros	0%	3%	3 pp
Sem candidato	19%	32%	13 pp
Discrepância total			34 pp

Tabela 11

São Paulo, 1998, governador, primeiro turno, pesquisa de prognóstico

	Pesquisa de prognóstico	Resultado eleitoral	Diferença absoluta pesquisa — eleição
Maluf — PPB	32%	27%	5 pontos percentuais (pp)
Rossi — PDT	19%	15%	4 pp
Mário Covas — PSDB	18%	20%	2 pp
Marta — PT	14%	19%	5 pp
Quércia — PMDB	6%	4%	2 pp
Outros	1%	1%	0 pp
Sem candidato	10%	15%	5 pp
Discrepância total			23 pp

Tabelas idênticas às tabelas 9, 10 e 11 foram feitas para as 562 pesquisas, e para cada uma delas foi calculada a soma das discrepâncias entre pesquisa e voto, as chamadas "discrepâncias absolutas", isto é, sem o sinal de negativo. Deve ser notado que esse método de análise serve apenas para avaliar comparativamente o desempenho das pesquisas por ano, cargo, tipo de pesquisa etc., ou seja, o objetivo principal não é detectar quais e quantas pesquisas caíram dentro ou fora da margem de erro estatístico.

As tabelas de 9 a 11 revelam uma importante descoberta: há um padrão de erro que é subestimar os brancos e nulos e superestimar o percentual do primeiro colocado, independentemente de sua "coloração partidária."[3] Por exemplo, na eleição em que o esquerdista Miguel Arraes disputou e venceu em Pernambuco, ele também foi superestimado pelas pesquisas. Os votos em branco e os nulos, apesar de não serem considerados pela legislação eleitoral votos válidos, são importantes do ponto de vista científico. No jargão técnico: eles são um parâmetro a ser estimado por uma pesquisa, assim como são parâmetros as votações dos candidatos.

Erro sistemático: o candidato primeiro colocado é superestimado pelas pesquisas:
- em 65% das pesquisas o candidato primeiro colocado ficou com um percentual mais elevado do que nas urnas. Foi, portanto, superestimado pelas pesquisas;
- em 28% das pesquisas o primeiro colocado foi subestimado; e
- em 7% das pesquisas o percentual do primeiro cravou o percentual de votos.

---

[3]Obviamente, há de tudo na comparação entre pesquisas e resultados eleitorais: erros, acertos, erros para cima no candidato primeiro colocado, erros para cima no candidato segundo colocado. O que as tabelas de 9 a 11 ilustram é o erro mais comum.

Outro erro sistemático: o candidato segundo colocado é subestimado pelas pesquisas:
- em 50% das pesquisas o candidato segundo colocado ficou com um percentual menor do que o obtido nas urnas. Foi, portanto, subestimado pelas pesquisas;
- em 40% das pesquisas o segundo colocado foi superestimado; e
- em 10% das pesquisas o percentual do segundo cravou o percentual de votos.

Mais um erro sistemático: a proporção de votos em branco e de nulos é subestimada pelas pesquisas:
- em 49% das pesquisas a proporção de votos em branco e de nulos encontrada nas urnas foi subestimada pelas pesquisas;
- em 46% das pesquisas esta proporção foi superestimada; e
- em 5% das pesquisas cravaram o branco e o nulo das urnas.

Por que esse padrão de erro? Por que o candidato que fica em primeiro tem — sistematicamente — um percentual mais elevado nas pesquisas do que nas eleições? A explicação é politicamente incorreta: as pesquisas estão mais certas do que as urnas! Os erros são maiores nos estados e nas cidades onde a escolaridade é mais baixa. Isso indica algo muito simples: as pessoas de escolaridade mais baixa ao responderem a uma pesquisa de opinião declaram, em sua maioria, preferência pelo primeiro colocado. Porém, no momento de votar, elas erram e acabam ou anulando o voto ou votando em branco.

Qualquer que seja a eleição, para prefeito, governador, senador ou presidente, a discrepância entre pesquisa e resultado é maior nos estados ou municípios onde a escolaridade é mais baixa. Nas áreas onde há de 6 a 13% de eleitores com um a três anos de estudo, a discrepância é de

13 pontos percentuais (gráfico 1). Ela aumenta para 16pp onde 14% a 18% têm de um a três anos de estudo. E sobe ainda mais — para 20pp — onde mais de 22% têm essa escolaridade.

Estados ou municípios com nível maior de escolarização tendem a ter um PIB mais elevado. Neles, a proporção de pessoas com um a três anos de estudo é menor e a proporção de quem tem oito a dez anos de estudo é maior. Aumenta a escolaridade, aumenta o PIB, resultado: diminui a discrepância entre pesquisa e resultado das urnas (gráfico 2).

Gráfico 1

Discrepâncias das pesquisas por um a três anos de estudo

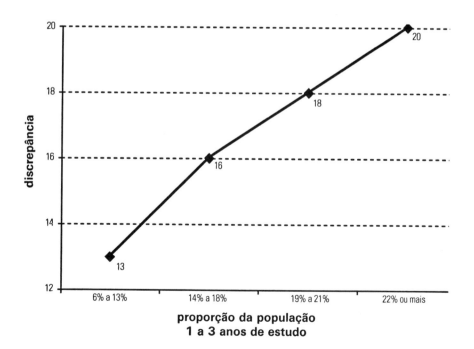

Gráfico 2

Discrepâncias das pesquisas por PIB

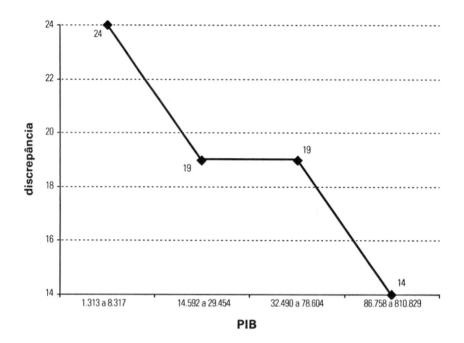

É fato também que quanto mais elevada a escolaridade, menor a quantidade de votos em branco e nulos. Em uma linguagem estatística, a correlação entre oito e dez anos de estudo e proporção de votos em branco e nulos é –0,42 (e muito significante). Isso fica patente quando se vê que as eleições nos estados e nas capitais nordestinas têm mais brancos e nulos do que as eleições ocorridas no "Sul maravilha".

Tabela 12

Proporção média de brancos e nulos nas eleições que foram comparadas com as pesquisas.

Estado	Branco e nulo
Alagoas	35%
Bahia	32%
Pernambuco	31%
Minas Gerais	28%
Piauí	27%
Paraíba	26%
Maranhão	25%
Ceará	24%
Sergipe	23%
Paraná	23%
Mato Grosso	22%
Tocantins	22%
Rio Grande do Norte	22%
Mato Grosso do Sul	21%
Rondônia	21%
Santa Catarina	20%
Rio de Janeiro	19%
Pará	18%
Goiás	18%
Amazonas	17%
Acre	17%
São Paulo	17%
Rio Grande do Sul	15%
Espírito Santo	15%
Amapá	13%
Roraima	11%
Distrito Federal	11%

Erros nas pesquisas eleitorais e de opinião

Em 228 resultados de pesquisas para o cargo de governador, a correlação significativa entre o erro das pesquisas e o voto em branco e o nulo foi de 0,74. Essa mesma correlação cai para 0,3 nas 141 pesquisas para o Senado analisadas e se torna completamente irrelevante nas 430 pesquisas para prefeito. Em suma, o padrão de erro identificado se encontra, em grande medida, nas eleições para governador e senador e está correlacionado com a proporção de votos em branco e nulos.

As pesquisas tendem a ser mais imprecisas quando são de prognóstico, para governador, no primeiro turno ou quando a eleição ocorre em um só turno, e quando feitas na região Nordeste. É isso que pode ser visto nos gráficos de 3 a 10.

Gráfico 3

Discrepância das pesquisas por tipo de pesquisa

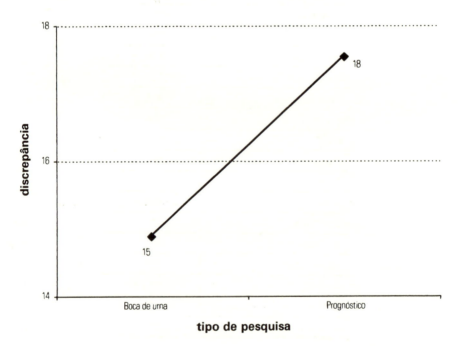

As pesquisas de boca de urna são mais precisas porque elas acertam mais o percentual de votos em branco e de nulos do que as pesquisas de prognóstico. Isso ocorre porque o método da pesquisa de boca de urna exige que o eleitor escreva o seu voto em uma cédula dada a ele pelo instituto de pesquisa e o deposite em uma urna, o que não ocorre, em grande medida, nas pesquisas de prognóstico.

Gráfico 4

Discrepância das pesquisas por cargo

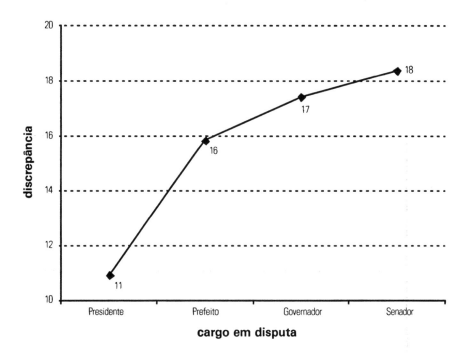

A análise dos dados por cargo desfaz o mito de que as pesquisas municipais erram mais do que as outras pesquisas. É claro o fato de que o melhor desempenho é das pesquisas para presidente e prefeito, e o pior é o das pesquisas para governador e senador. No caso dos senadores, trata-se de um cargo — para o eleitorado — menos importante e mais incompreensível do que os cargos de presidente, governador e prefeito. Nesses três, trata-se de quem executa. Naquele, de quem faz o quê? Legisla? Mas não é esse o papel dos deputados estaduais e federais? É comum, todos sabem, que senadores sejam eleitos porque "colaram" em candidatos favoritos ao governo estadual. Assim, é possível supor que o erro das pesquisas para o Senado esteja associado a fortes mudanças de voto que tendem a acontecer nos últimos dias de campanha eleitoral.

Adicionalmente, as pesquisas feitas no segundo turno são muito mais precisas do que as feitas no primeiro. Essa constatação contraria a teoria estatística: a margem de erro tende a ser maior no segundo turno do que no primeiro. Há uma razão técnica para isso e, infelizmente, é difícil evitar uma linguagem técnica. Isso acontece porque, pegando-se dois eleitores ao acaso, no segundo turno são maiores as chances de que desses dois, um vote no candidato A e outro não vote no candidato A. No primeiro turno tais chances são menores. No segundo turno o eleitorado tende a se dividir de forma mais próxima de 50% para um lado e 50% para o outro, diferentemente do que ocorre no primeiro, e isso influencia na margem de erro.

Estranho, não? Sendo maior a margem de erro no segundo turno, as pesquisas erram menos. Que acontecimento surpreendente! Há nele uma evidente indicação de que o erro amostral é menos importante do que outros tipos de erro. Por exemplo, há menos pesquisas no segundo do que no primeiro turno. O resultado disso é que os institutos, com um volume menor de trabalho, podem utilizar suas melhores equipes e controlar de forma mais rigorosa o trabalho de campo. Como as amostras não mudam do primeiro para o segundo turno e, repito, deveriam ser mais sujeitas a erros no segundo turno, como também o *know-how* utilizado para a confecção dos questionários de pesquisa não muda de um turno para outro, então as suspeitas recaem sobre o trabalho de campo. Afinal, trabalho de campo também é fonte de erro.

Gráfico 5

Discrepância das pesquisas por turno

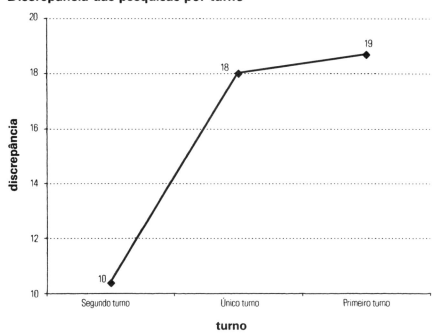

O Nordeste é a região onde os institutos de pesquisa têm mais problemas. Na média, pesquisas feitas em cidades ou estados nordestinos apresentam uma discrepância de 22 pontos percentuais. Essa discrepância cai para 16 no Sudeste e no Norte e 15 no Centro-Oeste e no Sul. É no Nordeste que estão os mais pobres e, não coincidentemente, os menos escolarizados. É também no Nordeste onde o PIB é menor e os votos em branco e os nulos são maiores.

Erros nas pesquisas eleitorais e de opinião

Gráfico 6
Discrepância das pesquisas por região

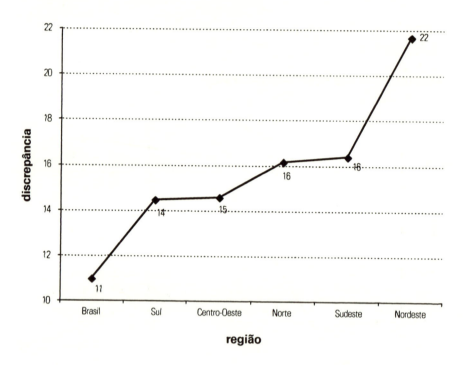

A informação acerca dos estados somente reforça esta conclusão. Dos dez estados com maior discrepância, sete são do Nordeste e os outros são Tocantins, Pará e Rondônia. Em 2006, no primeiro turno no Maranhão, Roseana Sarney teve mais votos nas pesquisas de prognóstico do que nas eleições. Ela era, na ocasião, a candidata primeira colocada. Ou seja, a conclusão acerca do padrão de erro é — no jargão científico — robusta: ela permite prever o futuro. Ela permite fazer inferência.

Gráfico 7

Discrepância das pesquisas por estado — os 10 mais imprecisos

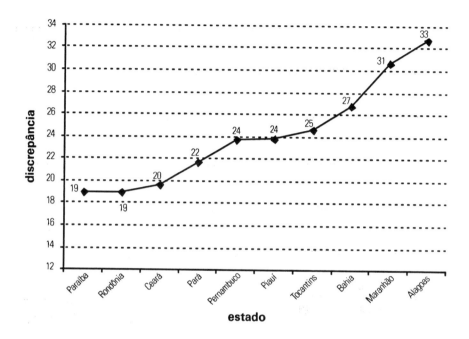

O mais provável é que ocorra erro de medição. É possível que ocorram erros na coleta de dados, no trabalho de campo, ou mesmo nos procedimentos de aplicação dos questionários, de tal maneira que aqueles que votariam em branco ou anulariam o voto (principalmente em função de erro) venham a responder o nome do primeiro colocado na pesquisa. Esse fenômeno está associado à baixa escolaridade do eleitorado. As discrepâncias das pesquisas feitas no Nordeste em comparação com os estados da região Sul servem para ilustrar e reforçar este ponto (tabela 13).

Tabela 13
Comparação entre o desempenho de pesquisas nos estados do Nordeste e em estados de outras regiões — pesquisas selecionadas

Ordenamento da maior para a menor discrepância	Instituto A — primeiro turno					
	1990 — Governador		1994 — Governador		1998 — Governador	
	Prognóstico	Boca de urna	Prognóstico	Boca de urna	Prognóstico	Boca de urna
1	Alagoas	Alagoas	Bahia	Pernambuco	Ceará	Pernambuco
2	Bahia	Pernambuco	Pernambuco	Bahia	Bahia	Bahia
3	Pernambuco	Rio de Janeiro	Goiás	Santa Catarina	Pernambuco	Paraná
4	Minas Gerais	Santa Catarina	Minas Gerais	Rio de Janeiro	Paraná	Ceará
5	Rio de Janeiro	Bahia	Ceará	Distrito Federal	Minas Gerais	Minas Gerais
6	Paraná	Minas Gerais	Mato G. do Sul	Rio G. do Sul	Santa Catarina	Rio G. do Sul
7	Santa Catarina	Paraná	Paraná	São Paulo	São Paulo	São Paulo
8	São Paulo	Rio G. do Sul	São Paulo	Goiás	Rio de Janeiro	Rio de Janeiro
9	Ceará	São Paulo	Distrito Federal	Minas Gerais	Rio G. do Sul	Santa Catarina
10	Distrito Federal	Distrito Federal	Rio de Janeiro	Paraná	Distrito Federal	Distrito Federal
11	Rio G. do Sul	Ceará	Santa Catarina	Mato G. do Sul		
12			Rio G. do Sul	Ceará		

A análise estatística revela que as variáveis que melhor preveem a discrepância de pesquisas são o tipo de pesquisa (boca de urna ou prognóstico), o turno da eleição e a escolaridade do eleitorado. As maiores discrepâncias ocorrem em pesquisas de prognóstico, no primeiro turno e onde o eleitorado é menos escolarizado. Por outro lado, as menores discrepâncias se dão em pesquisas de boca de urna, no segundo turno, em estados nos quais a escolaridade média é mais elevada.

As pesquisas se tornaram mais precisas: viva a urna eletrônica

Quando as pesquisas são avaliadas no passar do tempo, nota-se que elas ficaram mais precisas. Isso vale tanto nas eleições para senador e governador quanto nas eleições municipais. Entre 1990 e 1998 a discrepância das pesquisas que tinham como área geográfica de realização os estados variou em torno de 20 pontos percentuais. Essa discrepância caiu para 14 em 2002. Nas eleições municipais essa melhora foi de 17, em 1996, para 14 pontos percentuais, em 2000. Parabéns para os institutos que identificaram os erros e mudaram os procedimentos! Parabéns?

Gráfico 8

Passam os anos e as pesquisas ficam mais precisas

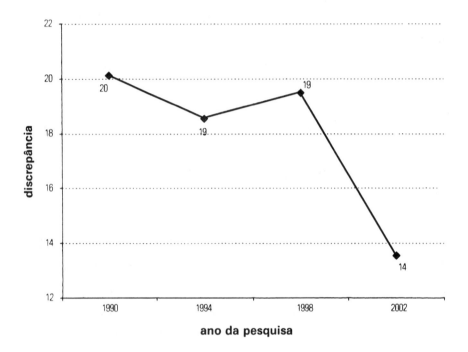

As discrepâncias diminuíram em função da informatização do voto. Em que pese a indignação dos opositores da urna eletrônica, ela contribuiu para que o voto na urna ficasse mais próximo do voto declarado na pesquisa. Veja-se que foi exatamente o que ocorreu. Nas eleições que antecederam a completa informatização, a discrepância das pesquisas foi de 18 ou de 22 pontos percentuais. Já sob o total uso da máquina de votar, as pesquisas passaram a apresentar uma discrepância bem menor, de 15 pontos percentuais.

Gráfico 9
Discrepância das pesquisas por percentual de votos informatizado

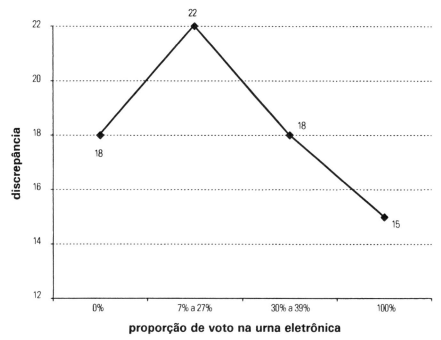

O grande feito da urna eletrônica foi contribuir para diminuir a proporção de votos em branco e de nulos. As pessoas de pouca escolaridade que tiveram a chance de escrever seu voto no papel sabem como isso era difícil. Os fiscais de apuração de todos os partidos cansaram de ver votos anulados porque o eleitor escrevia no lugar errado o voto: o nome do deputado estadual onde deveria haver um xis para governador, um xis para presidente ou governador no lugar que deveria haver o nome ou número do deputado federal, e assim por diante. A urna eletrônica — e a "colinha" com o número dos candidatos — reduziu de maneira significativa a proporção de votos em branco e de nulos (gráfico 10). Mais do que isso: tornou o voto em branco e o nulo mais dependentes da escolaridade — isso é de suma importância para se entender a redução dos erros de pesquisas.

Gráfico 10

Votos em branco e nulos por informatização do voto e escolaridade do eleitorado

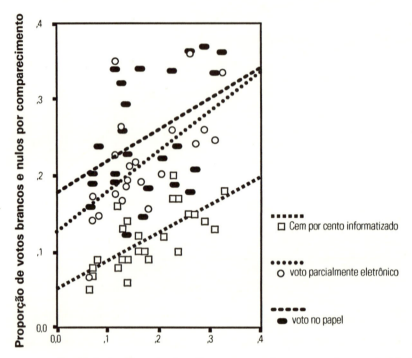

Analfabeto/Sem instrução e menos de um ano de escolaridade

Quando o voto era no papel — em 1994 — a escolaridade baixa explicava 19% dos votos em branco e dos nulos. Em 1998, a baixa escolarização passou a explicar 37% dos votos em branco e dos nulos, e esse percentual subiu para 46% em 2002 com 100% do voto na maquininha. O que isso quer dizer? Que antes da urna eletrônica muitos votos nulos e em branco ocorriam por causa de outros erros que não somente o erro devido à escolaridade baixa. Podia ocorrer que pessoas mais bem instruídas, por falta de familiaridade com a complexidade da cédula eleitoral, errassem o voto. Atualmente, pelo contrário, é preciso ter grande capacidade cognitiva para desperdiçar o voto. A consequência foi direta: caiu bastante a proporção de votos em branco e de nulos. Como já deu para depreender de uma conclusão importante deste estudo: aumentou muito a precisão das pesquisas.

Assim, apesar da enorme preocupação com o erro amostral, o grande problema das pesquisas é o erro não amostral. É nele que recai a explicação para os principais erros de pesquisas. Ainda mais quando sabemos que isso acontece de forma sistemática em pesquisas de prognóstico, no primeiro turno, e em estados com escolaridade baixa. Assim, é necessário aumentar o controle do trabalho de campo realizado em estados de escolaridade mais baixa. Isso esbarra em custo. São justamente os locais nos quais os contratantes das pesquisas estão menos dispostos a pagar por isso.

capítulo 2

A posição da pergunta no questionário tem grande influência no resultado da pesquisa

CAPÍTULO 2

ESTE CAPÍTULO ABORDA UM TEMA TRADICIONAL DOS ERROS DE MEDIÇÃO: o questionário e, mais especificamente, a posição da pergunta no questionário. Será visto que perguntas idênticas, ou muito semelhantes, podem levar a resultados completamente diferentes, dependendo da posição da pergunta e, adicionalmente, do assunto tratado pelo questionário. Veremos que uma mesma pergunta, sobre a memória do voto em Benedita da Silva, obteve resultados muito diferentes em pesquisas semelhantes em tudo, excetuando-se os respectivos temas e a posição dessa pergunta no questionário. Este capítulo é, portanto, um *case*, uma ilustração prática de um erro não amostral.

Controlando possíveis variáveis explicativas da variação dos resultados

Para que seja possível afirmar com um mínimo de certeza que perguntas semelhantes ou idênticas levam a resultados totalmente diferentes, dependendo do tema da pesquisa e da posição da pergunta no questionário, é preciso controlar as demais possíveis variáveis explicativas de tal variação. Assim, antes mesmo de apresentar as perguntas e suas formulações cumpre apresentar as principais características técnicas das duas pesquisas que foram utilizadas para este experimento. As duas pesquisas a que me refiro são as pesquisas DataUff-Ceap e DataUff-Iuperj, e suas principais características técnicas estão na tabela 1 abaixo. Essas características referem-se ao levantamento de dados realizado no Município do Rio de Janeiro.[1]

Tabela 1

Características das duas pesquisas para o Município do Rio de Janeiro

	DataUff-Ceap	DataUff-Iuperj
Tema da pesquisa	Relações raciais	Comportamento político
Tamanho da amostra	418	496
Tipo de amostra	Probabilística	Probabilística
Técnica de entrevista	Domiciliar	Domiciliar
Duração aproximada da entrevista	1 hora	1 hora
Número de perguntas	210	310
Período de realização	29/1/00 a 12/4/00	2/8/00 a 1/10/00
Período de realização de 95% das entrevistas	29/1/00 a 11/4/00	8/8/00 a 9/9/00

---

[1] A pesquisa DataUff-Ceap foi feita em todo o Estado do Rio de Janeiro e a pesquisa DataUff-Iuperj apenas no Município do Rio de Janeiro. Assim, para efeito desta comparação, foram excluídos os casos da pesquisa DataUff-Ceap que não dizem respeito a este município.

capítulo 2 A posição da pergunta no questionário tem grande influência no resultado da pesquisa

Como se pode perceber, metodologicamente as duas pesquisas são muito semelhantes: as amostras são praticamente idênticas para o Município do Rio de Janeiro, e a técnica de levantamento de dados também. Diferenças pequenas podem ser encontradas no tamanho da amostra, um pouco maior na pesquisa DataUff-Iuperj, e no período de realização do trabalho de campo. Enquanto a maior parte das entrevistas tomou um mês na segunda pesquisa, na primeira a duração foi de pouco mais de três meses.

As maiores diferenças dizem respeito ao tema das pesquisas e à distância/proximidade da pesquisa em relação às eleições municipais realizadas em outubro de 2000. O tema da pesquisa DataUff-Iuperj foi comportamento político e questões correlatas, e ela foi realizada durante a campanha eleitoral de 2000, coincidindo inclusive com o período de propaganda eleitoral "gratuita" no rádio e na televisão. Por outro lado, a pesquisa DataUff-Ceap ocorreu no início do ano de 2000, distante, portanto, das eleições, quando nem sequer as candidaturas estavam oficializadas, e tinha como tema as relações raciais. Eram poucas as perguntas sobre política nessa pesquisa.

A comparação entre as duas pesquisas é possível porque há perguntas idênticas, ou muito semelhantes, nos dois questionários. Uma delas, que é importante para realizar inferências acerca do "voto racial", pergunta ao entrevistado se ele já havia votado alguma vez em Benedita da Silva, conhecidamente uma figura de destaque no PT, senadora em exercício do mandato durante a realização de ambas as pesquisas, e que emergiu politicamente com o lema "mulher, negra e favelada". As perguntas foram formuladas assim nas pesquisas:

Pesquisa DataUff-Ceap:
— O(A) sr.(a.) já votou alguma vez em Benedita da Silva?

Pesquisa DataUff-Iuperj:

— Agora vou dizer o nome de alguns políticos, e gostaria que o(a) sr.(a) me dissesse se já votou alguma vez neles. O(A) sr.(a.) já votou alguma vez na Benedita da Silva?

No caso da pesquisa DataUff-Ceap essa pergunta estava localizada na parte final do questionário, no último terço. Ao contrário, na pesquisa DataUff-Iuperj essa pergunta estava no primeiro terço do questionário. Nesta pesquisa, Benedita da Silva era de fato a primeira pessoa da lista de políticos para os quais se perguntou se o entrevistado já havia votado alguma vez.

Como se pode notar, a redação de ambas as perguntas é muito semelhante, e a principal diferença diz respeito realmente à posição delas nos respectivos questionários e ao contexto no qual foram formuladas. No primeiro caso, depois de realizadas inúmeras perguntas sobre relações raciais, racismo e temas congêneres, e no segundo, durante um processo eleitoral, após a formulação de algumas perguntas sobre política.

Como pode ser visto na tabela 2, o resultado para essa pergunta em cada uma das pesquisas é bastante diferente.

Tabela 2

Resultados para a pergunta: O(A) sr.(a.) já votou alguma vez em Benedita da Silva? — Município do Rio de Janeiro

	DataUff-Ceap	DataUff-Iuperj
Sim	44%	20%
Não	52%	78%
Não lembro	3%	1%
NS/NR	1%	1%

Na pesquisa sobre relações raciais, o percentual de pessoas que afirmam já ter votado em Benedita da Silva é mais de duas vezes maior do que o percentual da mesma resposta quando a pesquisa tem a política como tema. Por outro lado, algo em torno de 50% diz nunca ter votado em Benedita quando o contexto de aplicação da pergunta é a pesquisa de relações raciais, enquanto que quase 80% na outra pesquisa afirmam nunca ter votado nela. A enorme disparidade entre os resultados pode significar que apenas uma das duas pesquisas tem uma medição válida para essa variável ou nenhuma das duas apresenta essa característica.

É interessante notar que quando foi solicitado ao entrevistado que se autoclassificasse nas definições de cores do IBGE, a diferença entre as pesquisas ficou rigorosamente dentro do erro amostral (tabela 3).[2]

Tabela 3

Autoclassificação do entrevistado nas definições de cores do IBGE

	DataUff-Ceap	DataUff-Iuperj
Amarelo	3%	1%
Branco	42%	39%
Índio	3%	5%
Pardo	33%	37%
Preto	13%	17%
NR	6%	1%

---

[2] Isso acontece também com outras perguntas que constaram dos dois questionários. Alguns exemplos são as perguntas sobre escolaridade, ocupação, religião e preferência partidária.

Na primeira pesquisa, a pergunta sobre a autoclassificação da cor no critério do IBGE estava no início do questionário, enquanto que na segunda essa pergunta se encontrava no final. Uma hipótese explicativa para as diferenças entre as duas perguntas, comparando-se as pesquisas, é que na pergunta sobre o voto em Benedita da Silva o entrevistado procurou responder, na pesquisa sobre relações raciais, algo que agradasse ao entrevistado, que fosse socialmente aceitável no contexto daquela pesquisa. Nessa pergunta, diferentemente da que trata da autoclassificação de cor, não há como o entrevistador conferir a validade da resposta nem como saber se realmente o entrevistado já havia votado em Benedita da Silva. Note-se, todavia, que isso é apenas uma hipótese.

Os dados comparativos revelam que os menos escolarizados da pesquisa sobre relações raciais buscaram em maior proporção a resposta afirmativa do que a mesma faixa de escolaridade na outra pesquisa (tabela 4).

Tabela 4

Resultados para a pergunta: O(A) sr.(a.) já votou alguma vez em Benedita da Silva? Por nível de escolaridade — Município do Rio de Janeiro (%)

	DataUff-Ceap		DataUff-Iuperj	
	Sim	Não	Sim	Não
Analfabeto/primário incompleto	46%	54%	9%	91%
Primário completo	48%	52%	16%	84%
1º grau completo	46%	54%	27%	73%
2º grau completo	47%	53%	20%	80%
Superior completo	38%	62%	28%	72%

Há várias diferenças importantes que merecem ser destacadas. A primeira é que na pesquisa sobre relações raciais as diferenças entre os percentuais de quem responde *sim* (ou *não*) por faixa de escolaridade são praticamente inexistentes da escolaridade mais baixa até o 2º grau completo e pequena (9%) entre essas escolaridades e os de grau superior. Na pesquisa que trata de política, pelo contrário, há uma enorme variação: o percentual de eleitores de Benedita da Silva cresce muito com a escolaridade — a diferença é de 20% entre as duas faixas extremas de instrução!

A segunda diferença importante é que na pesquisa sobre relações raciais os de escolaridade superior tendem a votar menos em Benedita do que os de escolaridade mais baixa. É o oposto do que ocorre na outra pesquisa, particularmente quando se compara os que têm nível superior completo com as duas faixas de escolaridade mais baixas.

Por fim, a diferença entre os que responderam *sim* na faixa de escolaridade mais baixa é de mais 34% na pesquisa DataUff-Ceap, essa diferença vai caindo com o aumento da escolaridade e atinge o seu mínimo (9%) junto aos que têm nível superior completo.

Como se sabe, existe correlação entre cor e nível de escolarização. Na média, os brancos tendem a ter escolaridade mais elevada do que pretos e pardos. Assim, as diferenças apontadas na tabela anterior se refletem no voto em Benedita da Silva por cor, como pode ser observado na tabela 5.

Tabela 5

Resultados para a pergunta: O(A) sr.(a.) já votou alguma vez em Benedita da Silva? Por cor* autodeclarada do entrevistado — Município do Rio de Janeiro

	DataUff-Ceap		DataUff-Iuperj	
	Sim	Não	Sim	Não
Branco	36%	61%	15%	85%
Pardo	55%	42%	19%	81%
Preto	55%	44%	37%	63%

*As categorias amarelo e índio foram eliminadas para efeito desse cruzamento por apresentarem um número muito pequeno de casos em ambas as pesquisas. Mais uma vez, pelas mesmas razões indicadas acima, as somas dos percentuais das respostas *sim* e *não* não totalizam 100%.

Para as três cores, o percentual daqueles que declaram já ter votado alguma vez em Benedita é bem maior na pesquisa sobre relações raciais do que na pesquisa sobre política. Mais interessante, esse percentual é 21% maior junto aos brancos, 18% no grupo dos pretos e 36% mais elevado junto aos pardos. A rigor, isso significa que dependendo da pesquisa escolhida são obtidas duas conclusões opostas:

Pesquisa DataUff-Ceap: os pardos tendem a votar de maneira muito semelhante aos pretos. Para as duas cores, 55% disseram já ter votado em Benedita da Silva, ao passo que esta foi a resposta para apenas 36% dos brancos.

Pesquisa DataUff-Iuperj: os pardos tendem a votar de maneira muito semelhante aos brancos. No caso dos pardos, 19% disseram já ter votado em Benedita da Silva, percentual estatisticamente idêntico aos 15% dos brancos que responderam *sim* a essa questão. Por outro lado, esta foi a resposta para 37% dos pretos.

O que as duas pesquisas mostram — e há de fato convergência quanto a isso — é que há diferenças importantes entre a proporção de brancos e pretos que votam em Benedita da Silva.

Como afirmado acima, uma das hipóteses explicativas para a grande diferença, entre as pesquisas, dos resultados da pergunta sobre o voto em Benedita da Silva é a da resposta socialmente aceitável. Se isso for verdade, então para essa medição a pesquisa DataUff-Iuperj seria a mais adequada. Não há como testar de forma adequada essa hipótese. O máximo que se pode fazer é avaliar se na pesquisa DataUff-Iuperj a posição da pergunta no questionário pode ter influenciado a resposta. Caso haja indícios de que isso não tenha acontecido, a hipótese da resposta socialmente aceitável em uma pesquisa sobre relações raciais fica fortalecida.

Na pesquisa DataUff-Iuperj, antes de ser realizada a pergunta sobre se já havia votado antes em Benedita, foram feitas 36 perguntas na seguinte ordem:

- três perguntas sobre a disponibilidade do entrevistado de ser encontrado em casa;
- quatro perguntas sobre título de eleitor, local onde vota, se votou na última eleição, se pretendia votar naquela eleição;
- seis perguntas sobre a situação geral do Brasil, maior problema e situação econômica;
- duas perguntas sobre intenção de voto para prefeito do Rio de Janeiro;
- uma pergunta sobre rejeição a candidatos a prefeito do Rio de Janeiro;
- cinco perguntas de avaliação de desempenho de governantes, sendo três destas sobre o presidente;
- quinze perguntas sobre a utilização de diferentes mídias como meio de informação política.

Apenas nas perguntas sobre intenção de voto e rejeição aparecia o nome de Benedita da Silva em um disco,[3] como uma das várias opções de resposta.[4] Isso quer dizer que após a realização de 20 perguntas que não mencionavam o seu nome, foi perguntado ao entrevistado se ele já havia votado alguma vez em Benedita da Silva.

Aparentemente a estrutura do questionário não tendia a subdimensionar a resposta *sim* a essa pergunta. O inverso pode ter acontecido, porque o nome de Benedita tinha sido mencionado anteriormente, e porque muitos declararam que iriam votar nela nas eleições para prefeito de 2000, então poderia haver uma tendência dos entrevistados a afirmar que já haviam votado em Benedita sem ter de fato feito isso antes. Ainda assim, repito que o mais provável é que a memória sobre o voto em Benedita não tenha sido inflada.

Como afirmado, na pesquisa DataUff-Iuperj havia uma pergunta para mensurar a intenção de voto. Há a possibilidade de que aqueles que afirmaram já ter votado em Benedita sejam os mesmos que tinham declarado que iriam votar nela na eleição de 2000. A tabela a seguir permite que essa possibilidade seja avaliada.

Tabela 6

Intenção de voto por voto em Benedita da Silva em eleições anteriores

	DataUff-Iuperj	
	Sim	Não
Benedita da Silva	44%	56%

---

[3] Disco é um cartão em forma circular que apresenta os nomes dos candidatos com caráter de igualdade entre eles.

[4] Vale registrar que na pesquisa sobre relações raciais o nome de Benedita da Silva aparecia pela primeira vez justamente na pergunta sobre se o entrevistado já havia votado nela.

Os dados mostram que há uma divisão ao meio do eleitorado de Benedita da Silva, na eleição de 2000, quando se pergunta se eles já haviam votado anteriormente nela. Isso significa que a pergunta sobre intenção de voto não tendeu a induzir as respostas na pergunta sobre em quem o entrevistado já havia votado.

Para finalizar esta avaliação da validade de uma medição, farei agora a comparação dos resultados das duas pesquisas com as votações que Benedita da Silva teve nas eleições majoritárias na capital. Iniciarei realizando algumas qualificações sobre os dados dos resultados eleitorais:

1. Benedita da Silva é uma política muito conhecida na Cidade do Rio de Janeiro. Ela iniciou sua carreira como vereadora, foi eleita deputada federal e disputou sua primeira eleição majoritária em 1992, concorrendo ao cargo de prefeito, e sua segunda eleição majoritária foi para uma cadeira no Senado em 1994.
2. Para efeito desta avaliação não considerarei relevante a memória do voto em eleições proporcionais. É razoável supor que há mais dificuldade de se recordar em quem se votou para um cargo legislativo do que para um cargo executivo.
3. Na eleição de 1992, Benedita da Silva teve 32,9% dos votos válidos no primeiro turno (o que equivale a 21,6% dos votos de todo o eleitorado, uma vez que a abstenção foi de 13,2%). Essa votação a qualificou para disputar o segundo turno contra César Maia. No segundo turno ela teve 48,1% dos votos válidos, o que equivale a 34,5% de todo o eleitorado com a abstenção de 15,8%.
4. Em 1994, Benedita da Silva foi eleita senadora com 44% dos votos de todo o eleitorado da capital que compareceu às eleições.
5. Quando se considera a memória do voto, as três eleições majoritárias disputadas por Benedita da Silva têm características diferentes:

a. A primeira foi disputada oito anos antes da realização das pesquisas, e a segunda seis anos antes, ou seja, nos dois casos muito tempo se passou entre a eleição e a realização das pesquisas. O resultado esperado é que nesse caso o nível de lembrança não seja grande.
b. Há mais chances de se recordar do voto para prefeito do que para senador. Os dados de voto em branco e voto nulo mostram que o eleitor valoriza mais a eleição para prefeito de sua cidade do que para o Senado. O cargo de senador é visto pelo eleitor como algo mais distante, mais intangível.
c. Há mais chances de se recordar do voto no primeiro do que no segundo turno. Na eleição em dois turnos o eleitor escolhe o seu candidato preferido no primeiro turno. Em geral, no segundo turno a lógica de escolha é diferente: ou se repete o voto no candidato do primeiro turno, um percentual muito grande de eleitores faz isso quando o seu candidato passa para a segunda rodada eleitoral, ou se escolhe o menos pior quando seu candidato preferido não vai para o segundo turno.
6. Como afirmado acima, quando um candidato passa para o segundo turno o eleitor tende a repetir o voto dado no primeiro. A proporção daqueles que mudam de voto, atestada pelas pesquisas de opinião, é muito pequena, da ordem de 5%. Além disso, no caso de Benedita da Silva, é razoável supor que muitos dos que votaram nela em 1992 para prefeita, votaram novamente nela para senadora em 1994. Há razões para se fazer essa suposição:
a. As duas eleições foram próximas, com espaço apenas de dois anos, período este no qual Benedita da Silva permaneceu em evidência na mídia, mantendo na memória o voto de seu eleitor de 1992.
b. Os eleitores simpatizantes do PT tendem a votar nos candidatos do PT.
c. A derrota de Benedita para César Maia para a prefeitura foi de virada e apertada, deixando frustrados seus eleitores. A eleição de 1994 seria uma maneira de dar a vitória que Benedita não teve dois anos antes.

Realizadas essas qualificações, apresento na tabela a seguir o percentual dos que afirmaram em cada uma das pesquisas já ter votado em Benedita, e os seus votos nas eleições majoritárias que ela disputou, como proporção de todo o eleitorado da capital, ou seja, considerando-se as abstenções.

Tabela 7

Voto em Benedita da Silva em eleições majoritárias e memória do voto (%)

Eleições majoritárias			Já votou em Benedita	
1992 (1)	1992 (2)	1994	DataUff-Ceap	DataUff-Iuperj
21,6%	34,5%	44%*	44%	20%

* O percentual foi calculado sobre o total dos eleitores que compareceram às urnas no município do Rio de Janeiro. Caso tivesse sido sobre todo o eleitorado, ou seja, considerando-se abstenções, esse percentual seria bem menor.

Há uma diferença fundamental entre as duas pesquisas. Na pesquisa sobre relações raciais, o percentual daqueles que afirmam já ter votado em Benedita é maior do que os percentuais de voto de Benedita em cada eleição separadamente. No caso da outra pesquisa ocorre exatamente o oposto, essa proporção é menor do que suas votações.

A pesquisa DataUff-Ceap apresentaria o resultado mais acurado caso a cada eleição o conjunto de eleitores de Benedita fosse totalmente diferente, ou ao menos muito diferente, da eleição anterior, o que significa negar a qualificação número 6, que assume que o eleitor tende a repetir o voto. Além disso, seria necessário também desconsiderar — o que é impossível — os efeitos das mudanças demográficas: falecimento de eleitores, eleitores que deixam de votar por causa da idade e eleitores que passaram a votar depois de 1994, quando Benedita disputou sua última eleição majoritária.

Assim, os indícios apontam que a pesquisa DataUff-Iuperj, para essa medição em particular, é mais acurada que a pesquisa DataUff-Ceap. Isso significa que as evidências aqui apresentadas tendem a sustentar a hipótese de que os entrevistados na pesquisa sobre relações raciais buscaram a resposta socialmente aceitável. No final do questionário, que tratava em inúmeras perguntas de preconceito racial, "pegaria bem" responder que já havia sido eleitor de Benedita da Silva.

Conclusões

A análise da medição realizada por duas perguntas muito semelhantes revelam alguns pontos que merecem destaque.

1. Pequenos detalhes importam

A elaboração de um questionário de pesquisa pode parecer, à primeira vista, uma tarefa simples e trivial. Contudo, o exemplo deste capítulo mostra que os efeitos do posicionamento de uma pergunta no questionário sobre os resultados da pesquisa podem ser muito grandes, e até mesmo invalidar os resultados. Assim, o que é detalhe se torna extremamente relevante, exigindo que os questionários de pesquisa sejam cuidadosamente elaborados e pré-testados. Uma alternativa a isso é a utilização de casos como o apresentado aqui e a realização de experimentos com perguntas, o tema do próximo capítulo.

2. O efeito do contexto da pesquisa

Toda pesquisa tende a apresentar em seus resultados os efeitos do contexto. No caso do voto em Benedita da Silva, a pesquisa sobre relações raciais foi o contexto que levou os entrevistados a se lembrarem mais desse voto do que em uma pesquisa sobre política. Afinal, não cairia bem para o entrevistado passar uma pesquisa inteira dizendo que não é racista e ao final da entrevista dizer que nunca havia votado em Benedita da Silva. Em cada pesquisa esse contexto é diferente, e ele pode não ser apenas o tema da pesquisa, mas também subtemas de perguntas em um questionário. O contexto pode ser também as condições externas à pesquisa, situações de comoção nacional ou congêneres podem vir a influenciar nos resultados de uma pesquisa, dependendo, é claro, do tema pesquisado.

capítulo 3
A formulação da pergunta também influencia o resultado da pesquisa

CAPÍTULO 3

O SEGUNDO CAPÍTULO DESTE LIVRO APRESENTOU UM EXEMPLO DE UM importante fenômeno em pesquisas de *survey*[1]: a ordem das perguntas no questionário pode vir a ter um grande impacto nos resultados obtidos em uma pesquisa. Trata-se de um erro de mensuração, um erro não amostral. Esse tipo de erro é também o tema do segundo capítulo. Agora, será mostrado que o impacto nas respostas da ordem das perguntas no questionário pode ocorrer de maneira mais matizada. Este será um dos temas deste capítulo. O outro tema é o das escalas.

Toda pergunta apresenta aos entrevistados opções de resposta. Existem perguntas que têm escalas como opções de resposta. As escalas permitem diferenciar a população não apenas quanto à sua posição em relação a um tema particular (se contra ou a favor, se concorda ou discorda), mas também diferenciar a população quanto à intensidade de sua preferência (há aqueles que são extremamente contra, há também os que são contra, mas não muito). A utilização de escalas é algo muito difun-

---

[1] Uma pesquisa quantitativa sujeita a tratamento estatístico. É usada muitas vezes como sinônimo de pesquisa de opinião.

dido em *surveys*. Todavia, há escalas que funcionam melhor (discriminam mais a população) e escalas que funcionam pior (discriminam menos). Neste capítulo serão comparadas duas escalas diferentes, e será mostrado que um tipo de escala funciona melhor do que outro.

Além disso, ficará evidente que para avaliar o desempenho de perguntas não é necessário se fazer duas pesquisas (como no capítulo 1), mas apenas uma que tenha a amostra dividida em duas partes. Será apresentada a técnica da amostra dividida, um recurso muito utilizado que permite desenvolver com facilidade experimentos com perguntas. Permite aos pesquisadores saber quais perguntas são melhores, quais são piores.

A técnica da amostra dividida

Os experimentos com perguntas apresentados neste capítulo foram realizados em uma mesma pesquisa com amostra dividida. O nome amostra dividida é derivado do termo inglês *split ballot*. Trata-se de uma técnica muito difundida entre metodologistas e coordenadores de *survey* que permite testar perguntas com um custo relativamente baixo.

Em pesquisas com amostra dividida são elaboradas duas ou mais versões do questionário de pesquisa com pequenas variações entre elas. Essas diferentes versões do questionário são aplicadas em subamostras (daí o nome amostra dividida) de um total de entrevistas de toda a pesquisa. Essas subamostras têm de ser ou idênticas ou muito semelhantes, preferencialmente uma amostra inteira dividida em duas subamostras. Essa característica da pesquisa, somada às pequenas diferenças no questionário, irá assegurar que as eventuais variações nas respostas das diferentes versões de perguntas possam ser inteiramente atribuídas a tais variações.

A título de exemplo, imagine-se uma pesquisa na qual um questionário tenha apenas uma pergunta diferente e o restante idêntico. Por exemplo, em uma versão o governo é avaliado oferecendo-se ao entrevistado as opções de respostas "ótimo, bom, ruim e péssimo", enquanto na outra versão as opções são também estas, mas incluindo-se o "regular". Como a amostra é idêntica para as duas versões, as diferenças entre os percentuais obtidos para as respostas "ótimo, regular, ruim e péssimo" poderão ser inteiramente atribuídas (desconsiderando-se a margem de erro da pesquisa) à diferença na formulação da pergunta.

Os experimentos apresentados neste capítulo, por exemplo, foram feitos a partir de duas versões do questionário que variavam apenas no que é apresentado aqui. É importante que as duas versões não sejam muito diferentes. Caso isso aconteça, corre-se o risco de não se realizar um experimento, mas simplesmente duas pesquisas diferentes com amostras idênticas, porém pequenas.

As características da pesquisa com amostra dividida

A amostra foi dividida em duas partes, cada uma com cem entrevistas. O período de aplicação do questionário foi o mesmo, assim como a equipe de levantamento de dados e o treinamento dado a ela. A única coisa que variou foi a formulação de algumas perguntas. Antes, porém, de apresentar essa variação cumpre apresentar os dados para a amostra de cada versão do questionário. As tabelas 1 a 5 adiante mostram isso. Em cada uma das tabelas é apresentado o percentual de entrevistados segundo a característica da população e a versão do questionário.

Tabela 1

A amostra dividida segundo o sexo dos entrevistados

	Versão 1	Versão 2
Masculino	45%	42%
Feminino	55%	58%

Tabela 2

A amostra dividida segundo a idade dos entrevistados

	Versão 1	Versão 2
16 a 24	12%	16%
25 a 34	23%	20%
35 a 44	25%	22%
45 a 59	28%	27%
60 ou mais	12%	14%

Tabela 3

A amostra dividida segundo a escolaridade dos entrevistados

	Versão 1	Versão 2
Analfabeto/sem instrução	7%	10%
Primário	33%	38%
1º grau	21%	15%
2º grau	24%	25%
Superior	16%	12%

Tabela 4

A amostra dividida segundo a ocupação dos entrevistados

	Versão 1	Versão 2
Empregado	25%	24%
Empregador	2%	2%
Autônomo	19%	24%
Dona de casa	13%	16%
Aposentado	12%	10%
Estudante	10%	8%
Funcionário público	1%	4%
Prof. liberal	2%	1%
Pensionista	5%	3%
Desempregado	11%	8%

Tabela 5

A amostra dividida segundo a área da cidade de residência dos entrevistados

	Versão 1	Versão 2
Zona Sul	19%	15%
Zona Norte	13%	13%
Zona Oeste	29%	26%
Sub. Leopoldina	16%	16%
Sub. Central	23%	30%

Os dados da amostra dividida mostram que as diferenças entre as duas versões aplicadas do questionário foram muito pequenas. A diferença mais importante ocorreu quanto à escolaridade baixa, somando-se analfabeto e sem instrução com primário completo. Nesse caso, a diferença entre a amostra da versão 1 e da versão 2 é de 8 pontos percentuais. Essa diferença é praticamente anulada quando se soma a escolaridade seguinte, 1º grau completo, situação na qual a diferença entre as duas amostras cai para 2 pontos percentuais. A leitura das tabelas revela que as diferenças entre as duas amostras para as características selecionadas foram irrelevantes. Isso significa que as diferenças entre os resultados das perguntas muito dificilmente poderão ser atribuídas a diferenças no perfil da amostra.

As duas versões do questionário para o experimento sobre a ordem das perguntas no questionário[2]

No experimento realizado sobre a ordem das perguntas no questionário o objetivo foi medir se as pessoas tendem a tratar diferentemente aqueles que têm profissões de *status* muito desigual. Pessoas com mentalidade igualitária tendem a dar um tratamento idêntico, ou próximo disso, a pessoas que têm *status* muito diferente. O oposto acontece com aqueles que têm mentalidade hierárquica. Assim, foram elaboradas duas baterias de perguntas com as mesmas situações para um médico e um porteiro, e foi perguntado ao entrevistado se ele concordava ou não com aquele tratamento. As baterias tiveram a seguinte formulação.

Agora eu vou mencionar as mesmas situações para um porteiro que é funcionário público e trabalha em um hospital público. Mais uma

---

[2] Os experimentos aqui realizados foram sugestão de Clifford Young.

vez, gostaria que o(a) sr.(a.) dissesse se concorda totalmente, concorda um pouco, discorda um pouco ou discorda totalmente.

1. Discorda totalmente   2. Discorda um pouco   3. Nem discorda nem concorda   4. Concorda um pouco   5. Concorda totalmente

	Número da resposta	NS	NR
a) Um porteiro que trabalha em uma repartição pública deve sempre ser chamado de senhor		7	9
b) Um porteiro que trabalha em uma repartição pública deve sempre poder passar na frente da fila quando for pagar uma conta em banco		7	9
c) Um porteiro que trabalha em uma repartição pública deve ter direito a prisão especial se for condenado por algum crime		7	9
d) Um porteiro que trabalha em uma repartição pública deve poder usar um carro do governo para fazer compras		7	9
e) Um porteiro que trabalha em uma repartição pública deve poder usar funcionários do governo para fazer a limpeza da sua casa		7	9
f) Um porteiro que trabalha em uma repartição pública não deve pagar multa de trânsito		7	9
g) Um porteiro que trabalha em uma repartição pública deve poder usar dinheiro público para comprar uma casa		7	9

Agora eu vou mencionar as mesmas situações para um médico que é funcionário público e trabalha em um hospital público. Mais uma vez, gostaria que o(a) sr.(a.) dissesse se concorda totalmente, concorda um pouco, discorda um pouco ou discorda totalmente.

Erros nas pesquisas eleitorais e de opinião

1. Discorda totalmente   2. Discorda um pouco   3. Nem discorda nem concorda   4. Concorda um pouco   5. Concorda totalmente

	Número da resposta	NS	NR
a) Um médico que trabalha em um hospital público deve sempre ser chamado de senhor		7	9
b) Um médico que trabalha em um hospital público deve sempre poder passar na frente da fila quando for pagar uma conta em banco		7	9
c) Um médico que trabalha em um hospital público deve ter direito a prisão especial se for condenado por algum crime		7	9
d) Um médico que trabalha em um hospital público deve poder usar um carro do hospital para fazer compras		7	9
e) Um médico que trabalha em um hospital público deve poder usar funcionários do hospital para fazer a limpeza da sua casa		7	9
f) Um médico que trabalha em um hospital público não deve pagar multa de trânsito		7	9
g) Um médico que trabalha em um hospital público deve poder usar dinheiro público para comprar uma casa		7	9

Como se tratou de um experimento com amostra dividida, na primeira versão do questionário a bateria com o porteiro veio na frente da bateria com o médico, e na segunda a bateria com o médico veio na frente. A hipótese de trabalho é simples: se a ordem das perguntas influenciar as respostas, na versão 1 seria captado o tratamento que seria dado ao porteiro e na versão 2 o tratamento que seria dado ao médico, em ambos os casos sem a interferência da ordem das perguntas, já que eles vêm na frente nas respectivas versões.

Do ponto de vista prático, a principal hipótese de trabalho é que quando o médico é mencionado antes do porteiro, este último tenderá a ser tratado com mais privilégios pelo entrevistado. Por outro lado, quando o porteiro é mencionado antes do médico, o médico tenderá a ser tratado com menos privilégios. Os dados mostram se isso aconteceu ou não. A tabela 6 apresenta os tratamentos conferidos ao porteiro nas duas versões do questionário. Espera-se que na segunda versão o porteiro seja tratado com mais privilégios do que na primeira.

Tabela 6
O tratamento conferido ao porteiro nas duas versões do questionário

	Discorda totalmente V1	Discorda totalmente V2	Discorda pouco V1	Discorda pouco V2	Nem concorda nem discorda V1	Nem concorda nem discorda V2	Concorda pouco V1	Concorda pouco V2	Concorda totalmente V1	Concorda totalmente V2
Não precisar ficar na fila	84%	87%	10%	5%	1%	0%	2%	4%	3%	4%
Prisão especial	87%	77%	7%	7%	0%	0%	2%	4%	4%	11%
Usar carro do governo	79%	86%	9%	5%	1%	0%	6%	2%	5%	6%
Usar funcionários do governo	92%	93%	5%	3%	0%	0%	1%	1%	1%	2%
Não pagar multa de trânsito	98%	95%	2%	2%	0%	0%	0%	2%	0%	1%
Usar dinheiro público	93%	90%	2%	1%	0%	0%	2%	0%	1%	9%
Ser chamado de senhor	13%	26%	11%	6%	1%	1%	9%	10%	66%	56%
Médias	78%	79%	7%	4%	1%	0%	3%	4%	12%	13%

Os números mostram que na média de todas as sete situações não há nenhuma diferença entre o resultado da primeira e da segunda versão. Isto é, considerando-se a bateria de perguntas como um todo não há influência na ordem das perguntas no questionário no tratamento que é dado ao porteiro. Quando o dado é analisado por dentro notam-se, todavia, algumas diferenças importantes.

Uma maneira de analisar o dado item por item é somar os valores da versão 2 para "concorda um pouco" e "concorda totalmente" (tratamento com privilégio) e diminuir dessa mesma soma na versão 1. Caso o resultado seja zero, não há diferença alguma de tratamento; caso seja positivo, significa que o porteiro foi mais bem tratado na versão 2 (quando o médico vem em primeiro lugar) e resultados negativos indicam que o porteiro foi tratado com mais privilégios na versão 1. A tabela 7 apresenta esses resultados.

Tabela 7

Diferença de tratamento entre as duas versões do questionário — Porteiro

Situação	V2 — V1	Versão com mais privilégio
Não precisar ficar na fila	3%	V2
Prisão especial	9%	V2
Usar carro do governo	−2%	V1
Usar funcionários do governo	1%	V2
Não pagar multa de trânsito	3%	V2
Usar dinheiro público	5%	V2
Ser chamado de senhor	−9%	V1

As duas diferenças de tratamento que merecem destaque são nas situações de "prisão especial" e "chamar de senhor". Nas demais situações as diferenças são irrelevantes. Quando o médico vem antes do porteiro há uma tendência de os entrevistados serem mais favoráveis (comparativamente à primeira versão) à concessão da prisão especial para o porteiro. Todavia, a princípio é intrigante notar que quando a bateria de perguntas sobre o porteiro vem em primeiro lugar ele é mais bem tratado na situação de "chamar de senhor".

Outra diferença que merece destaque é que, se essa situação for retirada da bateria de perguntas, o porteiro tende realmente a ser mais bem tratado quando o médico vem antes. A situação "ser chamado de senhor" é típica de sociedades hierárquicas, e tende a se consolidar como um formalismo. Sociedades mais igualitárias tendem a ser mais informais no trato entre as pessoas. É possível que essa situação seja diferente das demais quanto a um relativo "descolamento" da medição da noção de hierarquia, sob a forma de formalismo ou mesmo um suposto tratamento respeitoso. É uma situação que não se caracteriza, a princípio, como um privilégio concedido a alguém.

Uma primeira conclusão prática do experimento é que há de fato uma tendência dos entrevistados a tratarem o porteiro com mais privilégios, na média (e excetuando-se a situação do tratamento por senhor), na versão na qual ele vem depois do médico. Essa conclusão é reforçada pelos dados relativos ao médico.

Tabela 8

O tratamento conferido ao médico nas duas versões do questionário

	Discorda totalmente V1	Discorda totalmente V2	Discorda um pouco V1	Discorda um pouco V2	Nem concorda nem discorda V1	Nem concorda nem discorda V2	Concorda um pouco V1	Concorda um pouco V2	Concorda totalmente V1	Concorda totalmente V2
Não precisar ficar na fila	77%	79%	9%	5%	1%	0%	1%	4%	12%	12%
Prisão especial	55%	49%	5%	4%	0%	1%	13%	11%	25%	32%
Usar carro do governo	88%	85%	4%	6%	0%	0%	3%	1%	3%	8%
Usar funcionários do governo	96%	91%	3%	3%	0%	0%	0%	2%	1%	4%
Não pagar multa de trânsito	94%	93%	5%	2%	0%	0%	1%	1%	0%	3%
Usar dinheiro público	97%	90%	2%	3%	0%	0%	1%	1%	0%	6%
Ser chamado de senhor	14%	20%	5%	9%	0%	0%	8%	9%	72%	61%
Médias	74%	72%	5%	5%	0%	0%	4%	4%	16%	18%

Da mesma forma como acontece com o porteiro, as médias revelam que não há diferenças importantes entre as duas versões de questionário relativas ao tratamento conferido ao médico. Mais uma vez as discrepâncias de maior relevância encontram-se nos mesmos itens.

Tabela 9

Diferença de tratamento entre as duas versões do questionário — Médico

Situação	V2 — V1	Versão com mais privilégio
Não precisar ficar na fila	3%	V2
Prisão especial	5%	V2
Usar carro do governo	3%	V2
Usar funcionários do governo	5%	V2
Não pagar multa de trânsito	3%	V2
Usar dinheiro público	6%	V2
Ser chamado de senhor	−9%	V1

A grande diferença de tratamento do médico é na situação ser "chamado de senhor". Ele é mais maltratado na versão na qual ele vem depois do porteiro. É provável que isso se deva à profissão, que convencionalmente leva as pessoas a utilizar a forma de tratamento "doutor". Nos outros itens, individualmente não há nenhuma grande diferença. Todavia, se os considerarmos em conjunto, fica claro que o médico é mais bem tratado na segunda versão do questionário, na qual ele vem antes do porteiro, do que na primeira versão. O efeito da ordem das perguntas está presente. Quando o porteiro vem antes do médico, este último tende a ter menos privilégios, já que o porteiro tem menos privilégios quando tratado em primeiro lugar (sem o médico antes dele).

As duas análises em conjunto, dos dados para o médico e para o porteiro, reforçam o diagnóstico de que a ordem das perguntas tende a influenciar as respostas quando a ética universal está em jogo. Ainda que as pessoas tenham uma mentalidade hierárquica, elas vão querer evitar revelar isso para os entrevistados, em um fenômeno denominado em inglês de *social desirability*.

É importante ressaltar que esse efeito não impede que as duas baterias de perguntas, em qualquer uma das duas versões, venham a captar as diferenças de tratamento conferidas ao porteiro e ao médico. As tabelas 10 e 11 apresentam as diferenças entre a soma do "concorda um pouco" com o "concorda muito" de médico e porteiro em cada uma das versões.

Tabela 10

Diferença de tratamento entre o porteiro e o médico — Versão 1

Situação	Médico — Porteiro
Não precisar ficar na fila	8%
Prisão especial	32%
Usar carro do governo	–4%
Usar funcionários do governo	–1%
Não pagar multa de trânsito	1%
Usar dinheiro público	–3%
Ser chamado de senhor	5%

Os percentuais indicam qual a proporção de pessoas que tende a tratar melhor o médico do que o porteiro. O sinal negativo indica que naquelas situações o porteiro é mais bem tratado. É possível notar que a principal diferença ocorre na situação de prisão especial, e em segundo lugar (muito atrás), em furar fila. É possível que furar fila tenha relação com a natureza da atividade de um médico. Quanto à prisão especial, pode-se notar que a concessão desse privilégio para determinados grupos profissionais encontra apoio social. Trata-se de algo inaceitável em sociedades regidas por ética igualitária.

Tabela 11

Diferença de tratamento entre o porteiro e o médico — Versão 2

Situação	Médico — Porteiro
Não precisar ficar na fila	8%
Prisão especial	27%
Usar carro do governo	0%
Usar funcionários do governo	3%
Não pagar multa de trânsito	1%
Usar dinheiro público	−2%
Ser chamado de senhor	4%

O resultado da versão 1 é quase idêntico ao da versão 2, as diferenças são insignificantes. Isso mostra que a ordem das perguntas não impediu que os entrevistados conferissem tratamento diferençado para o porteiro e o médico.

As duas versões do questionário para o experimento com escalas

O experimento com escalas foi feito variando-se as escalas das respostas de quatro baterias de perguntas. Na versão 1, para cada bateria de perguntas, o entrevistado respondia utilizando-se da escala "discorda totalmente / discorda um pouco / concorda um pouco / concorda totalmente". A resposta "nem concorda nem discorda" era aceita caso o entrevistado a mencionasse, mas ela não constava das opções do cartão que apresentava a escala. Na versão 2 foi apresentado para os entrevistados um cartão com "discorda totalmente" e "concorda totalmente" nos dois extremos da escala, com os respectivos números 1 e 4 e dois pontos intermediários com os números 2 e 3. A figura 1 abaixo apresenta os dois cartões.

Figura 1
Os cartões com as escalas das duas versões

Versão 1:

Discorda totalmente	Discorda um pouco	Concorda um pouco	Concorda totalmente

Versão 2:

1	2	3	4
Discorda totalmente	Discorda um pouco	Concorda um pouco	Concorda totalmente

A principal diferença entre as duas escalas é que os pontos intermediários na escala da segunda versão são representados por números, ao passo que a outra escala é toda ela composta de afirmações. Assim, o objetivo do experimento foi avaliar se essa diferença resulta em algum tipo de impacto sobre a utilização dos pontos intermediários nas respostas. Antes de apresentar os resultados e a análise do experimento, vale listar as afirmações das baterias de perguntas.

A primeira bateria de perguntas do experimento foi elaborada para medir o nível de liberalismo econômico da população em relação à ação regulatória do Estado na economia. A segunda bateria foi para mensurar o nível de nacionalismo econômico da população. A terceira bateria tinha por finalidade medir o nível de autoritarismo quanto à intervenção do Estado na esfera dos direitos civis. E por fim, a quarta bateria foi elaborada para medir o conceito de eficácia política, quanto os cidadãos acham que sua ação influencia ou não nas decisões governamentais. A tabela 12 abaixo lista as afirmações de cada bateria na ordem que elas foram apresentadas no questionário. Vale lembrar que as afirmações foram as mesmas nas duas versões, assim como a ordem das afirmações e das baterias.

Tabela 12

Afirmações das baterias de perguntas

Liberalismo econômico
a) O governo deve controlar o preço de todos os serviços básicos, como, por exemplo, o do transporte
b) O governo deve dizer tudo que as empresas têm de fazer, como, por exemplo, quantos banheiros elas têm de ter
c) Só as empresas, e nunca o governo, têm de treinar a mão-de-obra e os trabalhadores
d) O governo deve socorrer as empresas em dificuldade

Erros nas pesquisas eleitorais e de opinião

e) O governo deve definir qual o valor de todos os salários de todos os funcionários de todas as empresas do Brasil
f) Só as empresas, e nunca o governo, devem escolher onde construir uma nova fábrica
g) O governo deve controlar todos os preços de todos os produtos vendidos no Brasil

Nacionalismo econômico
a) O governo precisa dificultar mais a entrada de empresas e produtos estrangeiros no Brasil, para proteger as empresas brasileiras
b) O governo deve proibir o emprego de trabalhadores estrangeiros no Brasil
c) O governo deve permitir que empresas estrangeiras enviem todo o lucro para o exterior
d) O governo deve oferecer incentivos e facilidades para atrair o investimento de grandes empresas estrangeiras para o Brasil
e) O governo deve proibir que estrangeiros comprem terras no Brasil
f) O governo deve obrigar todas as firmas estrangeiras a ir embora do Brasil
g) Os produtos fabricados por empresas estrangeiras são sempre melhores do que os produtos fabricados por empresas nacionais

Autoritarismo
a) Sempre que um policial achar que uma pessoa é suspeita de um crime, o policial pode parar essa pessoa na rua, pedir seus documentos e revistá-la
b) O governo deve prender pessoas que queimam a bandeira brasileira
c) Se uma empresa não concordar com a religião de um funcionário, deve ser permitido que ela demita o funcionário
d) O governo deve prender pessoas que são contra a democracia
e) Deve ser permitido que as pessoas que moram em uma rua escolham quem pode e quem não pode comprar uma casa em sua rua
f) Grupos que fazem protestos contra o governo são contra a democracia

g) Deve ser permitido que o governo abra as cartas e correspondências de qualquer pessoa que seja contra o governo
h) Deve ser permitido que o governo controle o que pode sair no jornal e na televisão, como cenas de violência e de mortes
i) Deve ser permitido que o governo diga para quem você pode vender ou não alguma coisa, como, por exemplo, sua casa
j) Deve ser permitido que as empresas possam ler as cartas e correspondências e escutar os telefonemas de seus funcionários no trabalho
l) Um programa de televisão que defende o casamento de homem com homem e mulher com mulher deve ser proibido
m) Um programa de televisão que diz que Deus não existe deve ser proibido
n) Um programa de televisão com cenas de violência deve ser proibido
o) Um programa de televisão que faz críticas ao governo deve ser proibido

Eficácia política
a) Os políticos fazem aquilo que a população quer que eles façam
b) O voto da população não influencia o que acontece na política
c) Quando o povo protesta, o governo faz aquilo que o povo quer
d) Uma pessoa comum não tem como influenciar aquilo que o governo faz
e) Governar é uma coisa complicada, é muito difícil entender como se governa

No item seguinte são apresentados os resultados e a análise do experimento com escalas.

A diferença nos resultados das perguntas com cada tipo de escala

Os resultados foram inicialmente analisados segundo as diferenças entre a utilização dos pontos intermediários da escala. Para cada frase das baterias foi calculada a diferença entre a soma dos percentuais dos pontos intermediários das versões 1 e 2 do questionário. A tabela 13 exemplifica o procedimento utilizado.

Tabela 13

Utilização dos pontos intermediários da escala nas respostas à afirmação "O governo deve controlar o preço de todos os serviços básicos, como, por exemplo, o do transporte"

	V1	V2
Discorda totalmente	12,0%	12,2%
Discorda um pouco	6,5%	9,2%
Nem discorda nem concorda	1,1%	
Concorda um pouco	14,1%	9,2%
Concorda totalmente	66,3%	69,4%

A diferença entre as versões 1 e 2 de utilizações dos pontos intermediários da escala é de 3,4 pontos percentuais. Ou seja, na escala da versão 1 os entrevistados se utilizaram mais dos pontos intermediários do que na versão 2. Essa diferença foi calculada para 33 afirmações. A maior diferença entre as duas escalas foi encontrada na afirmação "O governo precisa dificultar mais a entrada de empresas e produtos estrangeiros no Brasil, para proteger a indústria nacional". Mais 22,7 pontos percentuais de entrevistados utilizaram os pontos intermediários do que na escala da versão 2.

As menores diferenças (ambas próximas de zero) se verificaram nas respostas para as afirmações "Só as empresas, e nunca o governo, devem escolher onde construir uma nova fábrica" e "Deve ser permitido que o governo diga para quem você pode vender ou não vender alguma coisa, como, por exemplo, sua casa". No caso dessa segunda afirmação, aproximadamente 93% dos entrevistados nas duas versões discordam totalmente dela, e isso foi responsável pelo "achatamento" do uso dos pontos intermediários. Em apenas cinco afirmações, de um total de 33, os pontos intermediários da escala foram mais usados na versão 2 do que na 1 (tabela 14).

Tabela 14

Afirmações nas quais os pontos intermediários foram mais utilizados na versão 2 do que na 1, e respectivas diferenças

Afirmação	Maior utilização dos pontos intermediários da escala na versão 2 (em pontos percentuais)	Percentual dos que responderam um dos extremos na versão 2
Só as empresas, e nunca o governo, devem escolher onde construir uma nova fábrica	0,2pp	36%
Deve ser permitido que as empresas possam ler as cartas e correspondências e escutar os telefonemas de seus funcionários no trabalho	0,5pp	85%
Se uma empresa não concordar com a religião de um funcionário, deve ser permitido que ela demita o funcionário	0,7pp	83%
O governo deve obrigar todas as firmas estrangeiras a irem embora do Brasil	0,8pp	67%
Deve ser permitido que as pessoas que moram em uma rua escolham quem pode e quem não pode comprar uma casa em sua rua	2,9pp	80%

A tabela 14 mostra também qual o percentual de respondentes que escolheram apenas um dos dois extremos da escala ("concorda totalmente" ou "discorda totalmente").[3] É possível notar que quanto maior a utilização de um dos extremos, menor a diferença entre a utilização dos pontos intermediários das duas versões. De fato, a correlação entre as duas variáveis é de –0,39 (significante a 0,05) e a regressão apresenta também a estatística F significante.[4]

Esse cálculo de diferenças entre a utilização dos pontos intermediários foi realizado para todas as 33 afirmações. Isso permitiu gerar uma distribuição de frequências, assim como calcular média e desvio-padrão dessa distribuição. A diferença média de utilização dos pontos intermediários é de 7,1 pontos percentuais, ou seja, os pontos intermediários são mais usados na escala da versão 1 do que na da versão 2 em média por mais 7,1% de entrevistados. Supondo-se uma distribuição normal, com desvio-padrão encontrado de 6,5, a probabilidade de se encontrar 7,1 caso não houvesse diferença na utilização das duas escalas (hipótese nula) é de aproximadamente 14%. Nos testes estatísticos, espera-se que essa probabilidade seja de apenas 5% para que a hipótese nula seja rejeitada com confiança.

Isso significa que o resultado não é robusto o suficiente, do ponto de vista estatístico, para afirmar que há uma diferença entre as escalas. Todavia, considerando-se que são muitas as fontes de erros em pesquisas, e que os erros de medição e as escalas são apenas uma de tais fontes, essa diferença é consistente e suficiente para fazer com que o pesquisador adote a escala da versão 1 quando tiver de escolher entre uma escala com

---

[3] Foi escolhido o maior percentual dentre os percentuais de cada um dos extremos.

[4] Para a obtenção desses resultados foram retirados 3 *outlierls*, as três situações que apresentaram as maiores diferenças entre as utilizações dos pontos intermediários.

palavras e outra com números. Essa conclusão é reforçada pela análise do que acontece com a escolha das respostas nos extremos das escalas.

Foi calculada qual a diferença entre a utilização dos extremos das escalas para as duas versões de escalas. Na versão 2, o extremo "concorda totalmente" é utilizado em média por mais 6,6 pontos percentuais de entrevistados. Por outro lado, o extremo "discorda totalmente" é utilizado por mais 0,4 na versão 2. Isto é, para os 33 itens utilizados há uma tendência de se utilizar mais o "concorda totalmente" do que o "discorda totalmente" na presença de pontos intermediários numéricos. Isso pode ser resultado do tipo de afirmação, mas também pode ser resultado de uma tendência a buscar a concordância na ausência de pontos intermediários claros. São necessários experimentos desenhados especialmente para avaliar qual desses efeitos é preponderante.

Conclusões

A análise dos experimentos revela alguns pontos que merecem destaque.

1. A decisão sobre qual a melhor ordem das perguntas no questionário precisa de fundamento empírico

    O capítulo 1 pode dar a impressão de que em qualquer formulação de questionário levará a resultados errados. Não há dúvida de que a diferença entre as respostas para as pessoas que votariam em uma mulher negra pode ser atribuída ao efeito da ordem das perguntas no questionário. Neste capítulo foi visto que, ainda que a ordem tenha impacto sobre o resultado, ela pode não interferir na medição daquilo considerado fundamental para a pesquisa. Nas duas versões do questionário o porteiro recebe um tratamento com menos privilégios do que o médico. Isso independe de quem vem primeiro, se o porteiro ou o médico. É por isso que os pré-testes e o conhecimento acumulado em pesquisa são importantes para a formulação de questionários tecnicamente corretos.

2. Quando não há estudos que orientem a ordem das perguntas no questionário, deve-se colocar na frente as perguntas que medem o que é mais importante para a pesquisa.

É comum que o conhecimento acumulado em formulação de questionário esteja sistematizado e publicado em livros e artigos. Assim, nem sempre é preciso fazer pré-testes para se obter a melhor formulação de questionário. Quando este saber não existe, recomenda-se que sejam feitas, em primeiro lugar, as perguntas que medem aquilo considerado mais importante para o pesquisador. É a única maneira de assegurar que nenhuma outra pergunta feita anteriormente irá interferir nas respostas dadas.

3. Devem ser evitadas escalas que tenham números como pontos intermediários.

Ficou provado, utilizando-se mais de 30 perguntas/situações, que as escalas que têm números entre os extremos ("concorda totalmente" e "discorda totalmente") diferenciam menos a população do que a escala que apresenta verbalmente todos os pontos. É interessante notar que esse tipo de escala, com números nos pontos intermediários, é muito utilizado em outros países. Assim, as perguntas não são boas viajantes, elas não podem ser importadas sem que antes seja feita uma cuidadosa avaliação de seu funcionamento.

capítulo 4
A dificuldade de se mensurarem
conceitos complexos e de relacioná-los com o comportamento político — o caso do conceito de ideologia esquerda-direita

CAPÍTULO 4

Nos capítulos anteriores foi visto que para se evitar erros de medição, ou para se buscar medições mais acuradas, é necessário realizar experimentos com perguntas. Algo que há de comum nos capítulos 1 e 2 é a relativa simplicidade dos conceitos mensurados pelas perguntas: memória do voto, renda, religião etc. Há, por outro lado, conceitos complexos que exigem do pesquisador uma elaboração mais cuidadosa de seus métodos de medição. Este capítulo trata disso. Nele abordo o conceito de ideologia esquerda-direita e avalio algumas medições existentes para ele.

Adicionalmente, procuro mostrar que a medição correta de um conceito não é o mesmo que se utilizar desse conceito para explicar outras variáveis. Assim, irei mostrar que mesmo que sejamos capazes de medir de forma correta o que é ser de direita e ser de esquerda, é possível que isso não seja uma variável explicativa do voto, ao menos cientificamente significante.

Este capítulo irá indicar, portanto, que a ciência política brasileira desenvolveu pouco, ou simplesmente não desenvolveu, medições adequadas de conceitos e variáveis para explicar o comportamento político.

O primeiro passo para uma avaliação do efeito da ideologia no comportamento eleitoral é definir o que deve ser entendido por esquerda e direita. O segundo passo é definir qual será a medição de esquerda e direita. Que tipos de perguntas serão usadas, que escalas são as mais adequadas etc. O terceiro passo é analisar os resultados. Para isso é necessário que sejam utilizados modelos mais sofisticados, para além dos já comuns testes de associação entre duas variáveis.

CONCEITUANDO: A IDEOLOGIA ESQUERDA-DIREITA SEGUNDO A CIÊNCIA POLÍTICA E A ECONOMIA

A literatura especializada de ciência política e economia apresenta grandes linhas conceituais acerca do que é uma posição de esquerda e de direita. Destacam-se na literatura duas dimensões: a econômica e a de costumes.

Na dimensão econômica, diminuir a intervenção e regulamentação estatal está associado com ser de direita. E o oposto está associado à esquerda. Por outro lado, justamente o inverso se aplica à ação do Estado em relação aos costumes. Quando o governo intervém, punindo ou regulando comportamentos sociais e culturais tais como criminalizar o aborto, reprimir manifestações religiosas, enfim, agir para dizer o que é certo ou errado fazer, isso é uma ação associada à direita. A não ação estatal para regular tais comportamentos está associada à esquerda.

As concepções econômicas de esquerda e de direita, sintetizadas na noção de intervencionismo *versus* não intervencionismo estatal na economia, estão relacionadas com visões de mundo e programas de ação em diversas áreas. A tabela 1 a seguir sintetiza isso.

Tabela 1

Programas de ação associados ao intervencionismo e ao não intervencionismo estatal na economia

Intervenção na economia	Não intervenção na economia
A pobreza é um problema social, assim deve haver redistribuição de renda a favor dos mais pobres por meio de impostos	A pobreza é um problema individual, cada um deve buscar melhorar sua renda por meio do trabalho
Mercado de trabalho regulado por meio da adoção do salário mínimo, regras que dificultem demissões etc.	Mercado de trabalho desregulado, o salário mínimo é definido pelo mercado, não há regras para demissões.
A redistribuição de riqueza a favor dos mais pobres é prioritária se for necessário escolher entre ela e o aumento da eficiência da economia. Para isso, o Estado intervém no mercado	O aumento da eficiência econômica e da geração de riqueza é prioritário se for necessário escolher entre isso e a redistribuição de riqueza a favor dos mais pobres
Defesa de políticas de cotas e da ação afirmativa	Combate às políticas de cotas e à ação afirmativa
Defesa da ampliação do Estado de bem-estar social	Defesa da redução do Estado de bem-estar social
Sempre que for necessário, deve-se recorrer a mais taxação da propriedade para a solução de problemas econômicos	A taxação da propriedade é o último recurso para a solução de problemas econômicos, deve ser evitada

A tabela 1 não é exaustiva, mas oferece uma boa noção do que está associado ao programa de esquerda e de direita. O núcleo filosófico dessa divisão é a importância conferida à ação individual *versus* coletiva. Segundo a visão direitista, o indivíduo e suas escolhas voluntárias sobrepujam o coletivo representado na ação do poder público, enquanto que para a visão esquerdista ocorre o inverso.

Portanto, para sermos fiéis ao que as literaturas de ciência política e de economia afirmam sobre as visões de esquerda e de direita na atividade econômica, é preciso mensurar as variáveis listadas na tabela acima e outras congêneres, desde que classificadas de acordo com o núcleo filosófico fundamental de cada visão de mundo.

A classificação apresentada na tabela 1 permite afirmar que, no que diz respeito à economia, os republicanos norte-americanos, os gaullistas franceses, o Partido Conservador britânico, a Democracia Cristã alemã e a italiana, são todos defensores de pontos de vista direitistas. Por outro lado, o ponto de vista esquerdista no tratamento das questões econômicas é defendido pelos democratas, socialistas franceses, pelo Partido Trabalhista e pela Social-democracia alemã e o ex-Partido Comunista Italiano.

Assim, da mesma forma que é possível classificar os partidos quanto a essas dimensões, pode ser também possível classificar seus eleitores caso eles votem de acordo com a variável ideologia na dimensão econômica. Medir o posicionamento dos partidos é mais fácil e direto do que medir a visão de mundo dos eleitores. No primeiro caso, os programas e documentos internos de cada partido tendem a ser suficientes, enquanto no segundo é preciso realizar um *survey* com perguntas adequadamente formuladas.

Na dimensão cultural, as posições pró e anti-intervencionismo estatal se invertem. Agora a visão de esquerda é contra a ingerência do Estado dizendo o que as pessoas podem e devem fazer, enquanto a visão de direita defende que o Estado deve regular o comportamento individual dos indivíduos nos aspectos denominados culturais.

O ponto de partida filosófico para essa divisão é o argumento de John Stuart Mill, que defende que os indivíduos devem fazer o que bem desejarem, desde que não causem danos a terceiros. Um exemplo interessante, e atual, diz respeito a fumar maconha. Para a visão de esquerda, os direitos daqueles que fumam maconha devem ser reconhecidos, posto que sua opção não causa danos a terceiros. Para a visão de direita isso não é correto, pois fumar maconha pode vir a desestruturar os valores que regem a vida social.

Um outro exemplo é o da legalização, ou não, do aborto. Tanto um representante da esquerda quanto um da direita podem ser por princípio contra o aborto. Mas na visão de esquerda não cabe ao Estado dizer que a pessoa não deve abortar, mas somente ela tem o direito de tomar essa decisão. Por outro lado, na visão de direita a legalização do aborto funcionaria como uma fonte de corrosão dos valores sociais tradicionais. Para utilizar uma terminologia comum, digamos que a posição de esquerda seja mais libertária, enquanto que a de direita menos. A tabela 2 é o equivalente da tabela 1 para a ação do Estado na regulação do comportamento individual quanto a ações não econômicas.

Tabela 2

Programas de ação associados ao intervencionismo e ao não intervencionismo estatal nas ações individuais não econômicas

Esquerda: não intervenção	Direita: intervenção
Descriminalização do aborto	Aborto ilegal
Descriminalização da maconha	Maconha ilegal
Legalização da união matrimonial de duas pessoas do mesmo sexo	Proibição da união matrimonial de duas pessoas do mesmo sexo
Defesa da inovação comportamental	Defesa da tradição como principal orientação para o comportamento social
Religião menos importante	Religião mais importante

Mais uma vez, a tabela 2, assim como a tabela 1, não é exaustiva, mas também oferece uma boa noção do que está associado ao programa de esquerda e ao de direita. Assim como foi feito anteriormente, é possível classificar inúmeros partidos políticos de acordo com essa divisão. De uma maneira geral, os partidos que conhecemos como sendo de direita, o Republicano, o Partido Conservador, os gaullistas etc. são menos libertários, e os de esquerda mais libertários.

É curioso, portanto, observar que esquerda e direita, quando conjugam em seus programas de ação economia e comportamento social não econômico, trocam os sinais quanto ao papel a ser cumprido pelo Estado. Chamo atenção para o fato de que isso é um tipo ideal, e que portanto nem sempre encontra total consonância com a realidade empírica.

Essas duas dimensões estão combinadas no diagrama abaixo:

Diagrama 1
Duas dimensões de esquerda-direita

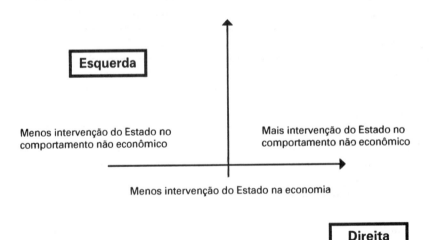

Note-se que o tratamento apresentado aqui é para a ideologia esquerda-direita tal como definida pelos manuais de economia e ciência política. Essa definição tem alicerces filosóficos, e inúmeras consequências práticas, que estão materializados na existência de políticos e partidos que defendem tais pontos de vista. Por isso, é mais do que razoável concluir que existem eleitores que pensam dessa maneira.

Desse modo, se a ideologia realmente importa para o comportamento político, se ela realmente influencia o comportamento de representantes e representados, os eleitores de uma dada ideologia têm de votar em candidatos que a expressem.

Além disso, a ideologia tem de ser mensurada considerando-se o conceito estabelecido.

MENSURANDO: A MEDIÇÃO DA IDEOLOGIA NO ELEITORADO POR MEIO DE *SURVEYS*

Há três maneiras básicas de se mensurar a ideologia: 1. por meio do autoposicionamento do entrevistado em uma escala esquerda-direita; 2. por meio de uma *proxy*, uma aproximação confiável da visão de mundo do entrevistado; e 3. por meio da avaliação dos valores defendidos pelo entrevistado quanto ao papel do Estado na economia e em relação ao comportamento não econômico.

O autoposicionamento esquerda-direita

Existem inúmeros *surveys* realizados no Brasil que avaliam a ideologia do eleitor solicitando-o a se posicionar em uma escala (que pode ir de

Erros nas pesquisas eleitorais e de opinião

1 a 7 ou de zero a 10) esquerda-direita.[1] As perguntas apresentam, de uma maneira geral, a seguinte formulação:

Considerando a escala de 1 a 7 (é apresentado um cartão com os números, e entre cada um deles uma distância idêntica), na qual 1 significa ser de esquerda, e 7 ser de direita como o(a) sr.(a.) se classificaria?

As respostas se distribuem em todos os números, com os maiores percentuais nos números 4 e 5, o que significa centro e centro-direita, e a média é maior do que 4, indicando que o eleitorado é levemente inclinado para a direita.

O grande problema dessa medição é que ela assume que os respondentes sabem o que é ser de esquerda e de direita. Algo bastante problemático. Há pesquisas que mostram que a maioria dos eleitores não sabe expressar o que, em termos políticos, significam esquerda e direita, e aqueles que sabem, em grande parte, afirmam erradamente que esquerda é oposição e direita é governo.

Singer (1999) cita em seu trabalho as pesquisas sobre Cultura Política/89 e 90 para mostrar que, na média, 60% dos eleitores não sabem dizer qual o significado político de esquerda e direita. Entre os 40% que disseram alguma coisa, 20% disseram que esquerda é oposição e direita é governo.

Note-se que Singer considera correta (entre aspas em seu texto) a resposta governo e oposição para direita e esquerda, apesar de não haver referência à literatura de ciência política para sustentar essa conceituação. Ele mesmo se pergunta: "como pode o eleitor usar seu posicionamento em um espectro esquerda-direita para orientar a decisão do voto, se não sabe o que é esquerda e direita?" A resposta de Singer

---

[1] Veja-se o livro de Singer, *Esquerda e direita no eleitorado brasileiro*, Edusp e Fapesp, São Paulo, 1999. Neste capítulo irei considerar de forma mais detalhada alguns argumentos de Singer, por se tratar de um autor que abordou de forma aprofundada esse tema.

a essa questão é a seguinte: trata-se de um sentimento do que significam essas posições ideológicas.

É desnecessário enfatizar que não é possível fazer inferências científicas a partir de especulações acerca do que achamos que as pessoas pensam sobre determinados assuntos. Não é errado que se trate de um sentimento, algo que a maioria das pessoas não consegue expressar, mas ainda assim é preciso saber o que elas acham o que significa ser de esquerda ou de direita. O fato é que nas pesquisas de Cultura Política, pelo menos metade dos que expressaram alguma coisa o fizeram equivocadamente, considerando-se qualquer classificação ideológica. Afinal, ser de oposição ou de governo não significa ter qualquer ideologia em particular.

Nesse caso, se os 20% que afirmaram governo e oposição para direita e esquerda forem utilizados em uma análise estatística, tenderão a votar de acordo com o que acham que eles são. Se fulano acha que ser de esquerda é ser de oposição, e ele se considera de esquerda, então ele votará na oposição. O mesmo se aplica para a direita. Não é preciso fazer estudos, haverá relação estatística entre ser de esquerda ou de direita e votar na esquerda ou na direita, mas esse esquerda e direita, como sendo oposição e governo, não é um posicionamento ideológico.

Entre agosto e outubro de 2000, o DataUff realizou no Município do Rio de Janeiro, conjuntamente com o Iuperj e financiado pela Fundação Naumman, uma pesquisa domiciliar com amostra probabilística sobre cultura política. Duas perguntas foram formuladas para saber se as pessoas tinham alguma noção sobre o que é ser de esquerda ou de direita. A formulação foi a seguinte:

— Na política as pessoas falam algumas vezes de esquerda e de direita. Na sua opinião, o que é ser de esquerda?

— E o que é ser de direita?

A tabela 3 a seguir lista as respostas para as duas perguntas.

Tabela 3

Respostas às perguntas o que é ser de esquerda e o que é ser de direita

O que é ser de esquerda?		O que é ser de direita?	
Resposta	**Percentual**	**Resposta**	**Percentual**
Não sabe	44,6%	Não sabe	45,6%
Fazer oposição	29,7%	Ser a favor do governo	19,3%
Defender o povo / os pobres / o social / a igualdade	5,6%	Outro	14,5%
Ser errado	3,7%	É quem manda no país / quem está no poder	5,2%
Outro	3,1%	É quem faz as coisas certas / está do lado bom	4,1%
Ser contra o sistema / o regime	3,0%	Ser contra o povo / a favor da elite	4,1%
Não fazer nada	1,9%	Fazer pelo povo / governar bem / pensar no bem comum	3,9%
Ser contra o povo	1,5%	Não responde	1,5%
Ser comunista	1,4%	Atuar em benefício próprio	1,6%
Não respondeu	1,2%		
Ser do lado bom / honesto / ter boas ideias	0,9%		
Ser agitador / fazer baderna	0,8%		
É quem vota contra as leis	0,7%		
É quem não está no poder	0,6%		
Apoiar o governo	0,4%		
É o PT	0,4%		
Ser o contrário da direita	0,3%		
Ser negativo / pessimista	0,3%		

Uma simples leitura das respostas encontradas mostra que pouco ou nada se encaixa nas conceituações da ciência política ou da economia a respeito do que é ser de esquerda ou de direita. Mesmo ser a favor do povo em uma das respostas à pergunta o que é ser de esquerda é questionável, posto que nenhuma das duas visões de mundo considera que seja contrária ao povo.

O que as respostas mostram é que não há uma classificação objetiva do que é ser de esquerda e ser de direita, mas sim um elevado percentual de julgamento de valor. Muitas das respostas consideram ser de esquerda algo bom (ser a favor do povo) ou algo ruim (fazer baderna), o mesmo se aplica para ser de direita. É óbvio que aqueles que consideram ser algo positivo votam com a esquerda ou a direita (dependendo do que é considerado positivo), e aqueles que consideram ser algo negativo não votam no que é avaliado negativamente.

Considerando-se essas respostas, qualquer medição de ideologia baseada em autoposicionamento dentro de uma escala, e apresentando ao entrevistado a denominação esquerda e direita, não será uma medição válida. Assim, não é possível utilizar essa medição para análises científicas.

A razão desse equívoco é que as perguntas utilizadas para autoposicionamento foram adaptadas de questionários utilizados em outros países, sem os devidos cuidados metodológicos. É mais comum que as perguntas tenham que ser bastante modificadas, para que em outros países elas sejam capazes de prover medições válidas do mesmo conceito.

Uma *proxy* da ideologia esquerda-direita

Uma outra maneira de se mensurar ideologia no espectro esquerda-direita é por meio de uma *proxy*. É comum, nesse caso, a utilização de simpatia partidária, de notas para partidos nas quais zero é quando não se gosta do partido e 10 quando se gosta muito, ou a aplicação desse mesmo recurso para lideranças políticas de destaque.

O problema é que essas formas de medição, mesmo como apenas *proxys*, são bastante questionáveis. Dar notas a políticos e lideranças mede o posicionamento político ou a imagem que o político tem face a outras dimensões, como ética ou competência técnica? Do ponto de vista lógico é difícil considerar isso uma *proxy* adequada.

Questionamentos semelhantes se aplicam a notas dadas a partidos ou preferência partidária. A preferência ou identidade partidária é em si uma variável explicativa do voto, que pode ela mesma ser explicada por outras razões que não a ideologia, como, por exemplo, a representação de interesses. Alguém pode preferir um partido não por se tratar de um partido de direita ou de esquerda, mas porque é o partido que defende seus interesses.

O mesmo se aplica ao método de dar notas aos partidos, com a agravante de que aqui, assim como no caso dos políticos, o que pode estar sendo avaliado é a imagem, para além de considerações ideológicas. Assim, do ponto de vista lógico, essas *proxys* apresentadas para a medição do contínuo esquerda-direita não são adequadas.

Perguntas sobre as visões de mundo das pessoas acerca de temas que permitam diferenciar entre esquerda e direita

Existe uma literatura ampla e sofisticada sobre como medir predisposições progressistas liberais de esquerda e conservadoras de direita. Essa literatura aborda principalmente a consistência das medições, que, ao contrário do que ocorre em relação a outros conceitos (p.ex., nível de informação política), é bastante problemática. Ela é problemática porque é muito sensível à estruturação do questionário e à formulação das perguntas. Além disso, o mais adequado é que as me-

capítulo 4 A dificuldade de se mensurarem conceitos complexos e de relacioná-los com o comportamento ...

dições sejam capazes de diferenciar, e evitem classificar os entrevistados de forma demasiadamente homogênea.

Antes de avaliar o desempenho das medições, cumpre estabelecer alguns critérios para que isso seja feito.

1. Ter várias perguntas para formar um índice é sempre melhor do que testar uma pergunta de cada vez.
2. Os índices esquerda-direita formados com mais de uma pergunta devem passar por testes de confiabilidade estatística (p.ex., Alfa de Cronbach).
3. Quando for utilizada apenas uma pergunta de cada vez para diferenciar os eleitores, quanto mais homogênea for a diferenciação, menos confiáveis serão os resultados. É simples exemplificar isso: se 90% assumirem uma determinada posição, a pergunta não se mostra capaz de diferenciar os eleitores segundo o critério estabelecido.

Esses são os critérios mais simples e diretos, que dispensam experimentos. Há ainda um grande rol de critérios — empíricos — que podem ser estabelecidos por meio de experimentos com amostra dividida.

Passando à avaliação da contribuição de Singer (1999), é importante considerar que o autor se utiliza de um número pequeno de perguntas desse tipo para encontrar relação entre ideologia e voto. No total, ele se utiliza de nove perguntas para avaliar o comportamento dos eleitores em duas eleições presidenciais. As perguntas são as seguintes:

1. Uma pergunta para mensurar o nível de apoio para mais ou menos Estado na economia. Concordar ou discordar das seguintes afirmações: a) O melhor para o Brasil seria que o governo deixasse as empresas dirigirem tudo na economia, inclusive serviços básicos como educação, saúde e habitação; b) O melhor para o Brasil seria que o governo dirigisse apenas

esses serviços básicos, deixando o restante para empresas particulares; e c) O melhor para o Brasil seria que o governo dirigisse tudo na economia: os serviços básicos, o comércio exterior, as indústrias pesadas.

Essa pergunta é utilizada em cruzamentos apresentados nas p. 76 e 151 da obra de Singer (as demais remissões, a seguir, são referentes à mesma obra). O *survey* foi realizado em 1989 para estabelecer conexões com o voto no primeiro turno.

2. Uma pergunta para mensurar o nível de apoio a soluções por meio de liderança forte. Concordar ou discordar das seguintes afirmações: a) Acha que a atuação de um líder que coloque as coisas no lugar seria melhor para resolver os problemas do Brasil; b) Acha que a participação da população nas decisões importantes de governo seria o melhor para resolver os problemas do Brasil; c) As duas coisas.

Essa pergunta é utilizada em cruzamento apresentado na p. 79. O *survey* foi realizado em 1990 para estabelecer conexões com o voto no segundo turno.

Essa pesquisa, Cultura Política/90, teve como resultado para a pergunta "em quem o eleitor ou você votou no segundo turno" a seguinte distribuição, Collor 62% e Lula 38%, quando sabemos que o resultado da eleição foi Collor 62% e Lula 38%. Isso compromete seriamente qualquer conclusão que tenha como base tais dados.

3. Cinco perguntas para mensurar o nível de apoio à igualdade, por meio da discordância ou concordância com as seguintes frases: a) Nós teríamos menos problemas no Brasil se as pessoas fossem tratadas com mais igualdade; b) Tudo o que a sociedade produz deveria ser distribuído entre todos, com a maior igualdade possível; c) Em um país como o Brasil é obrigação do governo diminuir as diferenças entre os muito ricos e os muito pobres; d) O Brasil estaria bem melhor se nós nos preocupássemos menos com que todo mundo seja igual; e) Se o país for rico, não importa que haja muitas desigualdades econômicas e sociais.

capítulo 4 A dificuldade de se mensurarem conceitos complexos e de relacioná-los com o comportamento ...

Todas essas perguntas são apresentadas nas p. 147 e 148, e as perguntas c e e são utilizadas novamente na p. 157. O *survey* foi realizado em 1993.

Portanto, antes de se utilizar uma medição sobre um determinado conceito, deveria ter sido avaliado se a medição era ou não cientificamente válida.

4. E por fim, duas perguntas para avaliar o nível de apoio a ações repressivas do governo, por meio da discordância ou concordância com as seguintes frases: a) Uso da polícia contra manifestações de rua; e b) Uso de tropas para acabar com greves.

Resultados apresentados na p. 153. O *survey* foi realizado em 1990 para estabelecer conexões com o voto no segundo turno.

Em resumo, são utilizadas nove perguntas para diferenciar o eleitorado brasileiro em relação ao comportamento ideológico, sendo que cinco dessas perguntas, por terem sido feitas em um *survey* de 1993, não podem ser utilizadas para inferir nada sobre a direção do voto. O autor não se utiliza de índices baseados em uma combinação de perguntas, mas apenas de uma pergunta de cada vez.

Uma análise da distribuição percentual das respostas mostra que as perguntas não foram muito úteis para diferenciar o eleitor. Para cinco das nove perguntas foram apresentadas em tabelas a distribuição para o total de respondentes de cada categoria. Isso é sistematizado na tabela 4 a seguir.

Tabela 4
Percentuais para os totais por pergunta

Pergunta 1	%	Base
a) O melhor para o Brasil seria que o governo deixasse as empresas dirigirem tudo na economia, inclusive serviços básicos como educação, saúde e habitação	18%	250
b) O melhor para o Brasil seria que o governo dirigisse apenas esses serviços básicos, deixando o restante para empresas particulares	30%	435
c) O melhor para o Brasil seria que o governo dirigisse tudo na economia: os serviços básicos, o comércio exterior, as indústrias pesadas	52%	747

Pergunta 2	%	Base
a) Acha que a atuação de um líder que coloque as coisas no lugar seria melhor para resolver os problemas do Brasil	38%	718
b) Acha que a participação da população nas decisões importantes de governo seria o melhor para resolver os problemas do Brasil	10%	194
c) As duas coisas	52%	986

Nível de concordância com: (3 perguntas)	%	Base
a) Nós teríamos menos problemas no Brasil se as pessoas fossem tratadas com mais igualdade	94%	Não disp.
b) Tudo o que a sociedade produz deveria ser distribuído entre todos, com a maior igualdade possível	84%	Não disp.
c) Em um país como o Brasil é obrigação do governo diminuir as diferenças entre os muito ricos e os muito pobres	82%	Não disp.

Os dados da tabela mostram que as perguntas diferenciam pouco o eleitor. A que mais diferencia é a Pergunta 1. De acordo com os resultados, no que tange à dimensão econômica do contínuo esquerda-direita

18% dos eleitores são de direita, 30% de centro e 52% de esquerda. O mais interessante é que isso contradiz a conclusão de Singer de que o eleitorado brasileiro é de direita.

A Pergunta 2 é mais problemática do que a 1, isso porque os resultados não diferenciam esquerda e direita: 52% dos eleitores são de centro. Do ponto de vista de qualquer medição, o primeiro requisito é que ela seja capaz de diferenciar segundo o atributo que ela deseja mensurar.

Por fim, a Pergunta 3 sofre do mesmo problema, manifestado de forma diferente. Nela, a frase que menor consenso tem agrega 82% das pessoas. Isso significa que qualquer cruzamento desses resultados com o voto, ou outro aspecto do comportamento eleitoral, não iria levar a nenhuma conclusão cientificamente relevante.

A contribuição de Singer apresenta alguns problemas quanto aos critérios metodológicos de uma medição adequada. É possível afirmar que não foi elaborado um índice, e consequentemente não foi possível fazer um teste estatístico de confiabilidade. Além disso, as perguntas individualmente utilizadas para medir o espectro esquerda-direita não diferenciam o eleitor.

As medições do *survey* DataUff-Iuperj

No *survey* levado a cabo pelo DataUff e pelo Iuperj buscou-se também mensurar a ideologia esquerda-direita por meio de perguntas. A tabela 5 adiante apresenta as principais características metodológicas desse *survey*, e em seguida são apresentadas as perguntas utilizadas para realizar essa medição.

Erros nas pesquisas eleitorais e de opinião

Tabela 5

Características metodológicas do *survey*

Tema da pesquisa	Comportamento político
Tamanho da amostra	496
Tipo de amostra	Probabilística
População	Adultos residentes no Município do Rio de Janeiro
Técnica de entrevista	Domiciliar
Duração aproximada da entrevista	1 hora
Número de perguntas	310
Período de realização	2/8/2000 a 1/10/2000
Período de realização de 95% das entrevistas	8/8/2000 a 9/9/2000

Perguntas utilizadas para medir a distribuição esquerda-direita, e respectivos resultados

Tabela 6

Percentuais para os totais por pergunta

Pergunta 1: Com qual afirmação o(a) sr.(a.) concorda mais:	%	Base
As pessoas que nascem na pobreza têm menos chances de melhorarem de vida ou	33%	162
As pessoas que têm talento e trabalham muito têm as mesmas chances que qualquer pessoa, mesmo que seus pais sejam pobres	67%	324

capítulo 4 A dificuldade de se mensurarem conceitos complexos e de relacioná-los com o comportamento ...

Pergunta 2	%	Base
Na sua opinião, o homem e a mulher devem trabalhar ou:	89%	431
Apenas o homem deve trabalhar enquanto a mulher deve cuidar da família e da casa	11%	55

Pergunta 3: Com qual afirmação o(a) sr.(a.) concorda mais:	%	Base
O governo deve fazer mais coisas para melhorar a sociedade ou	46%	226
As pessoas devem fazer mais coisas para melhorar a sociedade	29%	143
Ou ambas	25%	124

Pergunta 4: Com qual afirmação o(a) sr.(a.) concorda mais:	%	Base
O governo deve ajudar as pessoas a ter um emprego e a melhorar sua condição econômica ou	91%	432
As pessoas devem lutar sozinhas e trabalhar para conseguir um emprego e melhorar sua condição econômica	9%	43

Pergunta 5: O que é melhor, na sua opinião:	%	Base
Que o governo diminua os impostos e o(a) sr.(a.) tenha mais dinheiro no bolso para pagar saúde e educação particulares ou	82%	378
Que o governo aumente os impostos e melhore os serviços públicos de saúde e educação	18%	81

Pergunta 6	%	Base
Alguns dizem que o Brasil deve comprar menos produtos de outros países para produzir mais aqui e com isso criar mais empregos,	90%	415
Outros dizem que o Brasil deve comprar mais produtos de outros países porque assim os preços diminuem e a qualidade dos produtos fica melhor	10%	49

Erros nas pesquisas eleitorais e de opinião

Pergunta 7: Gostaria que o(a) sr.(a.) mencionasse se em cada uma das situações que vou citar o aborto deveria ser permitido ou não (obs.: os percentuais são relativos às respostas SIM e a base à soma das respostas, SIM e NÃO)	%	Base
Se há grandes riscos de o bebê nascer com defeitos graves	65%	480
Se a mulher é casada, mas não quer ter mais um filho	17%	483
Se a vida da mulher está em risco por causa da gravidez	77%	470
Se a família é muito pobre e não tem como sustentar mais um filho	26%	477
Se a mulher ficou grávida devido a um estupro	70%	476
Se a mulher for solteira e não quiser casar com quem a engravidou	12%	482
Se a mulher quiser fazer o aborto por qualquer razão que seja	10%	480

Pergunta 8: O(A) sr.(a.) é contra ou a favor da pena de morte para aqueles que foram condenados por assassinato	%	Base
Contra	50%	236
A favor	42%	198
Depende do assassinato	8%	40

Pergunta 9: Eu vou mencionar algumas atividades e gostaria que o(a) sr.(a.) dissesse se cada uma delas deve ser feita só pelo governo, só pelas pessoas, ou pelo governo e pelas pessoas

	Só o governo	Só as pessoas	O governo e as pessoas
Reformar as escolas em mau estado	51% (247)	2% (7)	48% (233)
Amparar e consolar doentes em hospitais	30% (145)	10% (50)	60% (291)
Manter a cidade limpa	17% (83)	13% (61)	70% (341)
Ajudar os viciados em bebidas alcoólicas	16% (77)	13% (64)	69% (338)
Reformas hospitais	78% (381)	0% (2)	21% (103)
Melhorar o asfalto das ruas	86% (418)	0% (2)	14% (14)
Ajudar os viciados em drogas	17% (83)	8% (37)	75% (360)

capítulo 4 A dificuldade de se mensurarem conceitos complexos e de relacioná-los com o comportamento ...

Pergunta 10: Agora eu vou mencionar alguns serviços e gostaria que o(a) sr.(a.) dissesse se cada um deles deve ser feito só pelo governo, pelas empresas particulares, ou se pelo governo e pelas empresas particulares

	Só o governo	Só as empresas	O governo e as empresas
Universidade / educação superior	37% (176)	6% (27)	58% (279)
Produzir carros / automóveis	14% (65)	50% (238)	37% (176)
Serviço de telefonia celular	18% (85)	47% (227)	35% (169)
Atendimento hospitalar	59% (286)	3% (13)	38% (187)
Produzir petróleo	52% (249)	17% (81)	31% (150)
Justiça /Tribunal de Justiça	75% (360)	3% (12)	23% (111)
Transporte de trens	47% (227)	12% (59)	41% (196)
Educação primária	63% (306)	3% (14)	34% (167)

Os resultados das frequências simples para as perguntas testadas mostram que não é trivial a medição da ideologia esquerda-direita. As Perguntas 2, 4, 5 e 6 são de pouca ou nenhuma utilidade para, cada uma delas separadamente, diferenciar o eleitor quanto a esse atributo.

As demais perguntas foram cruzadas, separadamente, com a intenção de voto para prefeito na Cidade do Rio de Janeiro. Sendo o voto a variável dependente e a ideologia a independente, a escolha metodológica foi avaliar se cada uma das perguntas diferenciava entre o voto em César Maia e Benedita da Silva. Note-se que ambos são conhecidos como candidatos claramente identificados com um dos lados — direita e esquerda, respectivamente

Esse teste é crucial, pois se as perguntas não diferenciarem entre Benedita e César Maia, então elas não serão capazes de diferenciar entre os demais candidatos, já que entre eles é menos clara qualquer diferença ideológica. Apresentamos a seguir as seis perguntas que diferenciaram significativamente essa escolha:

1. Opinião sobre o aborto: se há grandes riscos de o bebê nascer com defeitos graves

   Os que apoiam o aborto nessa circunstância tendem a votar mais em César Maia e menos em Benedita, e vice-versa. Esse resultado é o oposto do que ocorre em outros países, onde a esquerda é favorável à descriminalização do aborto e a direita a favor. Isso ocorre provavelmente porque, também ao contrário dos demais países, no caso de Benedita e César Maia a religião está mais associada à esquerda (supondo-se ser representada por Benedita) do que à direita.

2. Opinião sobre o aborto: se a mulher for solteira e não quiser casar com quem a engravidou

   Mesmo resultado da questão anterior.

3. Opinião sobre quem deve operar (governo, empresas ou ambos) o serviço de telefonia celular

   A diferença significante ocorre nas respostas só as empresas e ambos. Os que acham que só as empresas devem operar a telefonia celular tendem a votar mais em César Maia do que em Benedita, e vice-versa para a resposta ambos (empresas e governo). O resultado é na direção esperada da diferenciação esquerda-direita.

4. Opinião sobre quem deve prover (governo, empresas ou ambos) o atendimento hospitalar

   O resultado também se verificou dentro do esperado na diferenciação esquerda-direita. Nesse caso, porém, essa diferenciação foi nas respostas só o governo, por um lado, e só as empresas e ambos por outro lado.

5. Opinião sobre quem deve prover (governo, empresas ou ambos) o transporte de trens

   O resultado também se verificou dentro do esperado na diferenciação esquerda-direita. Essa diferenciação ocorreu nas respostas só o governo e só as empresas.

6. Opinião sobre quem deve prover (governo, empresas ou ambos) a educação primária

capítulo 4 A dificuldade de se mensurarem conceitos complexos e de relacioná-los com o comportamento ...

Mesmo padrão de resposta para a pergunta sobre o atendimento hospitalar.

Em suma, dos oito itens da bateria de perguntas sobre a ação econômica do estado face ao papel da iniciativa privada, quatro diferenciaram bem o voto Benedita-César Maia. Adicionalmente, utilizei esses oito itens para fazer um índice esquerda-direita considerando o aspecto da ação estatal. O Alfa de Cronbach para esse índice foi 0,65. O coeficiente alfa é tão melhor quanto mais próximo de 1, não sendo incomum a obtenção de alfas maiores do que 0,8. O valor de 0,65 está na faixa do menor valor tolerável para a realização de análises estatísticas com índices.

No índice esquerda-direita, –2 (menos dois) é o máximo de esquerdismo e +2 (mais dois) o máximo de direitismo, o zero é a posição de centro. O gráfico 1 abaixo mostra essa distribuição no eleitorado do Rio de Janeiro.

Gráfico 1

Distribuição do eleitorado do Município do Rio de Janeiro segundo o índice esquerda-direita

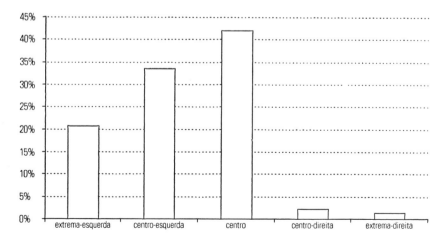

Posição no contínuo esquerda-direita

A distribuição do eleitorado na escala mostra que, no que tange ao posicionamento em relação à ação econômica do Estado, o eleitorado do Rio de Janeiro é fortemente estatista. Isso obriga os políticos e candidatos a se posicionarem mais contra do que a favor das privatizações, mais contra do que a favor da diminuição do Estado, e vice-versa. Por outro lado, como indicado pelo Alfa de Cronbach (0,65), o índice não apresenta um desempenho bom. Seria melhor que houvesse uma diferenciação maior entre esquerda e direita, abrangendo toda a amplitude do contínuo.

É interessante notar na tabela 5 abaixo que, quando se cruza esse índice com a intenção de voto Benedita-César Maia ele é capaz de diferenciar os eleitores de forma estatisticamente significante. Para a realização desse cruzamento foi necessário somar "direita" e "centro", posto que o número de casos "direita" foi muito pequeno.

Tabela 7

Índice econômico esquerda-direita e voto em Benedita e César Maia

		Benedita	César Maia	Total
Esquerda		51	33	84
	Esperado	43,1	40,9	84
	Percentual	60,7	39,3	100
	Resíduos ajustados	2,6	−2,6	
Centro e direita	Observado	25	39	64
	Esperado	32,9	31,1	64
	Percentual	39,1	60,9	100
	Resíduos ajustados	−2,6	2,6	
Total	Observado	76	72	148
	Esperado	76	72	148
	Percentual	51,4	48,6	100

A conclusão desta análise é de que é possível diferenciar esquerda e direita quanto aos aspectos econômicos, e que isso diferencia o voto.

Não se deve perder de vista duas ressalvas importantes:

a. Essa análise é feita acerca do voto em dois candidatos que se diferenciam claramente: Benedita e César Maia; e

b. Não foi controlada nenhuma outra variável explicativa do voto.

Ideologia e outras variáveis explicativas

Como afirmado no início do texto, as análises estatísticas utilizadas por Singer em seu livro são muito básicas e exploratórias. O resultado é que muitas vezes análises desse tipo apresentam resultados que não são verificados em tratamentos estatísticos mais avançados (ainda que não muito avançados). Isso se aplica, por exemplo, à avaliação da direção do voto em Benedita ou César Maia considerando-se a posição esquerda-direita.

Os dados da pesquisa DataUff-Iuperj foram utilizados para o teste de alguns modelos de regressão logística. Em primeiro lugar, verificou-se que as variáveis sociodemográficas como local de moradia e escolaridade não apresentaram nenhuma relação significativa com o voto em Benedita, César Maia, ou mesmo em Conde. Em seguida, foram testados modelos logísticos com as seguintes variáveis: 1. o índice esquerda-direita quanto à ação econômica do Estado, acima apresentado (pergunta 10); e 2. a avaliação da prefeitura de Conde.

Note-se que a avaliação de Conde na prefeitura é importante porque César Maia era tido naquela eleição como o "pai político" de Conde, a pessoa que teria dado início ao que Conde acabou realizando, enquanto Benedita vestia o figurino da candidatura de oposição tanto a Conde quanto a

César Maia. Nesse caso, porque foi utilizada a avaliação de Conde na prefeitura, foi aplicado um modelo também para o voto em Conde.

A estatística mais relevante para se avaliar cada um dos modelos é o R_L^2, a chamada redução proporcional do qui-quadrado. O R_L^2 pode variar entre 0 e 1 e mede o peso da contribuição de cada variável independente para a explicação da variável dependente. Quanto mais próximo de zero for o R_L^2, mais irrelevante é a variável independente para explicar a variação da variável dependente. Os modelos e os respectivos R_L^2 estão apresentados abaixo.

Modelo 1:
R_L^2: 0,142
Variável dependente: voto em Conde
Variável independente: avaliação do governo Conde

Modelo 2:
R_L^2: 0,003
Variável dependente: voto em Conde
Variável independente: índice esquerda-direita

Modelo 3:
R_L^2: 0,147
Variável dependente: voto em Conde
Variáveis independentes (modelo aditivo): avaliação do governo Conde e índice esquerda-direita

Modelo 4:
R_L^2: 0,013
Variável dependente: voto em Benedita
Variável independente: avaliação do governo Conde

Modelo 5:
R_L^2: 0,015
Variável dependente: voto em Benedita
Variável independente: índice esquerda-direita

Modelo 6:
R_L^2: 0,032
Variável dependente: voto em Benedita
Variáveis independentes (modelo aditivo): avaliação do governo Conde e índice esquerda-direita

Modelo 7:
R_L^2: 0,013
Variável dependente: voto em César Maia
Variável independente: avaliação do governo Conde

Modelo 8:
R_L^2: 0,006
Variável dependente: voto em César Maia
Variável independente: índice esquerda-direita

Modelo 9:
R_L^2: 0,015
Variável dependente: voto em César Maia
Variáveis independentes (modelo aditivo): avaliação do governo Conde e índice esquerda-direita

Os dados mostram que o melhor modelo é o que explica o voto em Conde por meio da avaliação da prefeitura de Conde. Nesse caso, a contribuição da variável independente esquerda-direita é irrelevante. Nos demais modelos, tanto a avaliação de Conde quanto a ideologia são irrelevantes. Isso fundamenta a hipótese de que esquerda e direita não são importantes para explicar o voto.

É necessário, antes de concluir, apontar para algumas limitações da análise realizada. A primeira é que ela não se utiliza de outras variáveis que podem vir a ser importantes, como preferência partidária e imagem dos candidatos. Isso acontece porque a pesquisa não coletou informações sobre esta última variável, e porque a informação de preferência partidária coletada é inadequada: poucas pessoas declararam ter preferência por algum partido.

A segunda limitação é que foram testados modelos lineares aditivos. Isso quer dizer que pode haver relações mais robustas e significativas para modelos com termos de interação, ou mesmo não lineares.

Conclusão

A análise da medição utilizada por Singer, e o teste de uma outra medição, ainda que limitada ao Município do Rio de Janeiro, revelam alguns pontos que merecem destaque.

1. Não é fácil mensurar de maneira adequada o conceito de ideologia esquerda-direita

    O texto apresenta as dificuldades de mensurar o conceito de esquerda-direita. É mostrado que há procedimentos a seguir, e que não fazê-lo resulta usualmente em medições imprecisas e incorretas. Além disso, fica claro que mesmo a adoção de tais procedimentos não assegura a obtenção de uma medição relevante.

2. A ciência política brasileira ainda não foi capaz de desenvolver essa medição

Enquanto em outros países do mundo há formas de diferenciar a população entre liberais e conservadores, intervencionistas e não intervencionistas, no Brasil os cientistas políticos não conseguiram ainda desenvolver essa medição. Isso tem uma implicação muito ruim para os estudos desenvolvidos sobre o Brasil. Sem a diferenciação do eleitorado segundo esse critério não é possível sequer testar a hipótese de que o eleitor vota de acordo com a ideologia.

3. O perigo de se importar perguntas de *surveys*

A análise revela também que a simples importação de perguntas de pesquisas de opinião não é suficiente para fornecer medições adequadas. Em geral, quando uma pergunta de *survey* é adotada e reutilizada nos Estados Unidos ou na Grã-Bretanha, ela passou por pré-testes para avaliar suas validade e confiabilidade. É interessante a esse respeito registrar que o British Social Attitudes, o *survey* acadêmico anual mais importante da Grã-Bretanha, não copiou textualmente nenhuma pergunta do General Social Survey norte-americano, em que pese ambos serem formulados na mesma língua. Isso ocorre em função dos diferentes contextos culturais. O que não dizer então das diferenças existentes quanto ao entendimento de perguntas entre brasileiros e habitantes de países mais desenvolvidos?

4. A diferenciação entre medir ideologia e utilizar essa medição para explicar o voto

Fica claro no decorrer do texto que uma coisa é mensurar a ideologia, outra totalmente diferente é utilizar essa medição para se testar a hipótese da explicação do voto por meio da ideologia. Ainda que seja possível medir adequadamente a ideologia, isso não significa que ela será uma variável explicativa relevante do comportamento eleitoral.

5. Teoria e metodologia estão muito ligadas: é impossível testar teorias sem boas medições

O texto mostra que a produção dos dados e sua análise são coisas fortemente ligadas. Um teórico, que se limite a cruzar variáveis e gerar modelos estatísticos terá de no mínimo, saber avaliar a medição que está utilizando: seus defeitos e suas qualidades, sua validade e confiabilidade, capacidade de diferenciar o que está sendo medido etc. Se a medição não for boa, o teórico fará mau uso de seu tempo lançando mão dela para análises e estudos.

Por outro lado, o metodologista que desenvolve instrumentos de medição só pode fazê-lo após conhecer a literatura e as principais questões do tema estudado. Por que esquerda e direita é relevante? A literatura responde. Mais do que isso, ela permite construir o conceito de esquerda e direita, sendo esta uma etapa que precede as operações mais estritamente técnicas de uma medição.

capítulo 5
A polêmica de que os estatísticos gostam: amostra probabilística *versus* amostra por cotas

CAPÍTULO 5

Este capítulo está dividido em seis seções, e o seu objetivo principal é adicionar evidência empírica a uma discussão antiga na literatura internacional. O debate entre aqueles que defendem a amostra probabilística e os que defendem a amostra por cotas. Para isso, na primeira seção eu apresento as principais diferenças entre as duas modalidades de amostra, e as mais importantes falhas atribuídas à amostra por cotas. O mesmo não é feito para a amostra probabilística porque, para efeitos deste texto, eu assumo que ela é o parâmetro de avaliação da amostra por cotas. O objetivo não é saber se uma é melhor do que a outra, mas sim, assumindo que a probabilística é melhor, avaliar se a amostra por cotas apresenta resultados muito diferentes da amostra probabilística.

Na seção seguinte eu apresento as pesquisas que foram utilizadas para a comparação e as respectivas perguntas. As demais seções apresentam a comparação propriamente dita dos resultados e sua análise. A comparação está dividida entre perguntas factuais e sobre comportamento, e perguntas sobre visão de mundo e ideologia.

Amostra por cotas e amostra probabilística

A pesquisa por amostragem tem o objetivo de, entrevistando-se uma parcela muito pequena da população que se deseja pesquisar, realizar afirmações válidas para a população como um todo. Não é preciso entrevistar um grande percentual de pessoas para saber com precisão o que pensa toda a população sobre um determinado assunto.

Assim, pode-se definir amostra como sendo uma parte da população, aquela parte que selecionamos para extrair a informação que desejamos obter. Uma amostra deve ser uma réplica em pequena escala de toda a população. E população significa o grupo total de pessoas, animais, células ou coisas sobre as quais queremos obter informações. As amostras podem ser de dois tipos fundamentais: as probabilísticas e por cotas. As amostras probabilísticas são as selecionadas de forma aleatória. Dois exemplos ilustram isso bem:

1. Há uma lista de 10 mil pessoas a partir da qual deseja-se entrevistar 400 delas. Confere-se um número a cada pessoa, e são sorteados aleatoriamente 400 números. As pessoas correspondentes a esses números são as que devem ser entrevistadas.
2. Na ausência de uma lista de nomes, sorteiam-se setores censitários ou quarteirões (há lista disso), depois listam-se e sorteiam-se domicílios dentro de cada setor censitário já sorteado, e por fim listam-se as pessoas residentes em cada domicílio sorteado para escolher — por sorteio aleatório — aquela que será entrevistada.

Note-se que sempre, em qualquer procedimento de escolha das unidades (pessoas que devem ser entrevistadas) de uma amostra aleatória, a seleção é sempre randômica, por sorteio. Não há nenhuma influência do coordenador da pesquisa, do supervisor de campo ou do entrevistador na escolha dos entrevistados.

capítulo 5 A polêmica de que os estatísticos gostam: amostra probabilística *versus* amostra por cotas

A estatística prevê que uma amostra probabilística sempre irá fornecer estimativas não enviesadas (viés = 0) das informações que se quer obter sobre a população. Adicionalmente, todas as unidades da população têm uma probabilidade conhecida e diferente de zero de serem sorteadas. Tomando em conjunto essas duas propriedades da amostra probabilística, isso permite que se estime a margem de erro para os resultados obtidos.

Nas amostras por cotas, as unidades a serem entrevistadas são selecionadas de maneira diferente. Primeiro define-se uma ou mais cotas. Por exemplo: o número ou a proporção de mulheres e homens a serem entrevistados, o número de pessoas por faixas de idade ou de escolaridade. Uma vez definidas as cotas, os entrevistadores escolhem as pessoas que têm essas características. O único requisito, portanto, para a seleção das pessoas é que elas tenham as características definidas nas cotas.

As pesquisas são empreendidas por vários entrevistadores. Assim, para cumprir a amostra por cotas cada entrevistador terá de entrevistar um determinado número de homens, mulheres, pessoas de determinadas faixas de idade e escolaridade etc. O somatório do trabalho de cada entrevistador irá compor a amostra representativa da população, que terá as mesmas proporções das características das cotas encontradas nessa população.

A amostra por cotas é, em geral, criticada por diversas razões. As principais são apresentadas a seguir:

1. Ao contrário da amostra probabilística, na qual a probabilidade de selecionar uma pessoa ou unidade é diferente de zero e conhecida, na amostra por cotas não é possível saber — teoricamente — quais as chances de se selecionar aqueles que são selecionados. Isso significa que, também do ponto de vista teórico, não é possível calcular a margem de erro da pesquisa.

2. Mesmo cumprindo-se as cotas os entrevistadores podem gerar algum tipo de viés. Nada impede, por exemplo, que ao cumprir uma cota de sexo, idade, escolaridade e profissão um entrevistador entreviste apenas pessoas de cor branca (ou de cor negra). Se essa característica — cor — estiver associada ao que se está pesquisando, então o resultado da pesquisa terá viés.
3. O viés da pesquisa pode ser causado pelas condições da entrevista. Em pesquisas baseadas em amostras por cotas as entrevistas não tendem a ser feitas em domicílios, mas nas ruas, em pontos de fluxo, escritórios, fábricas etc.
4. A decisão sobre quem será o entrevistado, ainda que cumpra a cota, está na mão do entrevistador. Isso sujeita a escolha aos seus eventuais preconceitos e a sua visão de mundo. Adicionalmente, o controle e a supervisão do trabalho de campo são mais difíceis do que na amostra probabilística. E, por fim, o entrevistador vive constantemente a tentação de entrevistar alguém mais fácil de ser encontrado, de uma cota, mas registrar essa pessoa como pertencente a uma cota mais difícil de ser preenchida.

Note-se que as críticas à amostra por cotas levam a concluir que a amostra probabilística é superior, pois ela resulta em estimativas não enviesadas dos parâmetros da população.

Uma maneira de se averiguar o desempenho de amostras por cotas é por meio da comparação de seus resultados com os de pesquisas baseadas em amostras probabilísticas. Isso é realizado na seção abaixo.

Uma comparação entre amostras por cotas e amostras probabilísticas

Para que os efeitos de diferentes amostras possam ser analisados, é necessário que outros fatores que levem a resultados diferentes sejam controlados. Assim, rigorosamente, é preciso que sejam feitas duas pesquisas que sejam idênticas em tudo, menos no tipo de amostra utilizada. Quando afirmo "idênticas em tudo", quero dizer que as pesquisas têm de ser realizadas no mesmo período, com populações idênticas, com o mesmo questionário, com a mesma técnica de entrevista, e equipes de trabalho que realizem os mesmos procedimentos. Isso é o ideal, ainda que muito difícil de ser feito.

Uma adaptação possível é comparar pesquisas feitas em período semelhante, mas não nos mesmos dias; perguntas semelhantes ou idênticas, mas questionários diferentes; e preferencialmente perguntas para as quais as respostas não serão influenciadas pela conjuntura nem pela técnica de realização das entrevistas (se domiciliares ou na rua). Apresento abaixo as principais características das pesquisas que serão utilizadas para a comparação (em parênteses encontra-se um nome-abreviação para pesquisa).

Pesquisa DataUff-Ceap (Prob. 1)

Tema: relações raciais
Amostra: probabilística sem substituição
Tamanho da amostra: 418
Margem de erro: 5 pontos percentuais para cima e para baixo
População pesquisada: população adulta do Município do Rio de Janeiro
Técnica de entrevista: domiciliar
Duração da entrevista: uma hora
Período de realização: 29/1/2000 a 12/4/2000

Pesquisa DataUff-Iuperj (Prob. 2)

Tema: comportamento e cultura política
Amostra: probabilística sem substituição

Tamanho da amostra: 496
Margem de erro: 5 pontos percentuais para cima e para baixo
População pesquisada: população adulta do Município do Rio de Janeiro
Técnica de entrevista: domiciliar
Duração da entrevista: uma hora
Período de realização: 2/8/2000 a 1/10/2000

Pesquisa eleitoral DataUff (Cotas 1)

Tema: eleições
Amostra: cotas
Tamanho da amostra: 562
Margem de erro: 5 pontos percentuais para cima e para baixo
População pesquisada: eleitores do Município do Rio de Janeiro
Técnica de entrevista: em pontos de fluxo
Duração da entrevista: dez minutos (máximo)
Período de realização: 19 de outubro de 2000

Pesquisa eleitoral DataUff (Cotas 2)

Tema: eleições
Amostra: cotas
Tamanho da amostra: 801
Margem de erro: 3 pontos percentuais para cima e para baixo
População pesquisada: eleitores do Município do Rio de Janeiro
Técnica de entrevista: em pontos de fluxo
Duração da entrevista: 10 minutos (máximo)
Período de realização: 27 de outubro de 2000

As quatro pesquisas utilizadas para a comparação apresentam algumas perguntas com formulação idêntica ou muito semelhante. Quando a formulação da pergunta for muito diferente isto será apontado na análise. O quadro 1 abaixo lista as perguntas de cada pesquisa que serão utilizadas para a comparação. As células em branco indicam que a pergunta não constou da pesquisa correspondente.

Quadro 1

Perguntas utilizadas na comparação

Prob. 1	Prob. 2	Cotas 1	Cotas 2
Religião	Religião	Religião	Religião
Renda familiar	Renda familiar	Renda familiar	Renda familiar
Preferência partidária	Preferência partidária	Preferência partidária	Preferência partidária
	Ocupação	Ocupação	Ocupação
	Participação em grupo de oração		Participação em grupo de oração
	Participação em missa ou culto religioso		Participação em missa ou culto religioso
	Frequência da ida à missa ou ao culto religioso		Frequência da ida à missa ou ao culto religioso
	Grau de interesse por política		Grau de interesse por política
	Votaria ou não se fosse facultativo		Votaria ou não se fosse facultativo
	Apoio à pena de morte	Apoio à pena de morte	
	Governo ou pessoas devem melhorar a sociedade	Governo ou pessoas devem melhorar a sociedade	
	O governo deve ou não ajudar as pessoas a melhorar de vida	O governo deve ou não ajudar as pessoas a melhorar de vida	

Perguntas factuais e sobre comportamento

Inicio a análise comparando o resultado das três perguntas que constaram de todas as pesquisas. É importante ressaltar que essas são perguntas que têm como característica comum sua estabilidade no tempo. Isso quer dizer que mesmo que as pesquisas tenham sido realizadas em dias ou meses diferentes, religião, renda familiar e preferência partidária não são características que se alteram com muita rapidez. A pergunta sobre ocupação foi feita também na Prob. 1, mas na sua formulação solicitava-se ao entrevistado que mencionasse a principal ocupação que teve na vida, excluindo, assim, a resposta "aposentado(a)". As tabelas de 1 a 3 abaixo apresentam os resultados para essas perguntas.

Os resultados para a pergunta sobre religião não apresentam discrepâncias sistemáticas. As principais diferenças entre pesquisas se encontram nas respostas "Católica" e "Evangélica". Essas diferenças não indicam que as pesquisas por cotas sistematicamente favoreçam as respostas "Católica" em prejuízo de "Evangélica", isso porque os resultados da Prob. 1 estão muito próximos daqueles das duas pesquisas por cotas. A flutuação dos percentuais pode ser atribuída à flutuação causal, prevista estatisticamente pela margem de erro das pesquisas.

Tabela 1:
Religião

	Prob 1	Prob 2	Cotas 1	Cotas 2
Católica	63%	55%	61%	63%
Evangélica (Pentecostais e Tradicionais)	16%	27%	22%	20%
Outras religiões	9%	8%	8%	9%
Sem religião / não acredita em Deus	12%	10%	9%	8%
NS/NR	0%	0%	0%	0%

Tabela 2.1
Renda familiar (inclusive NS/NR)

	Prob 1	Prob 2	Cotas 1	Cotas 2
Até 1 SM	3%	4%	7%	6%
De 1 a 3 SM	16%	20%	19%	21%
De 3 a 5 SM	16%	15%	17%	15%
De 5 a 10 SM	21%	22%	23%	22%
De 10 a 20 SM	16%	11%	17%	17%
Mais de 20 SM	9%	8%	11%	12%
Sem renda	–	–	2%	3%
NS/NR	20%	19%	4%	5%

Erros nas pesquisas eleitorais e de opinião

Diferentemente do que ocorre nas respostas à pergunta sobre a religião, quando se pergunta sobre a renda familiar dos entrevistados ocorre uma importante variação. Essa diferença pode ser vista comparando-se os percentuais das respostas NS/NR (não sabe/não responde) de cada uma das pesquisas. Fica evidente que em amostras probabilísticas a não resposta a essa pergunta é sistematicamente mais frequente do que nas pesquisas por cotas. Há uma possível causa para esse fenômeno.

Nas pesquisas por amostras probabilísticas a entrevista é realizada em casa, no domicílio do entrevistado, enquanto que nas pesquisas por cotas a entrevista ocorre na rua ou em pontos de fluxo. É provável que no domicílio o entrevistado fique menos à vontade de declarar sua renda. Por outro lado, ele se sente menos ameaçado ao dar essa informação quando a entrevista é realizada na rua. É importante ainda notar que não se pode afirmar nada sobre a renda, se alta ou baixa, daqueles que em pesquisas por amostra probabilística se recusam a responder a essa pergunta.

A tabela 2.2, ainda com os resultados da pergunta sobre renda, foi obtida excetuando-se as não respostas. Os dados revelam que não há padrão sistemático de variação e que, considerando-se as respostas válidas e a margem de erro das pesquisas, tanto pesquisas feitas com base em amostra probabilística quanto em amostra por cotas, tendem a obter os mesmos resultados. A tabela 3 a seguir compara as pesquisas no que tange à pergunta sobre simpatia partidária.

Tabela 2.2
Renda familiar (exclusive NS/NR)

	Prob 1	Prob 2	Cotas 1	Cotas 2
Até 1 SM	3%	5%	7%	6%
De 1 a 3 SM	20%	25%	20%	22%
De 3 a 5 SM	20%	19%	18%	16%
De 5 a 10 SM	26%	27%	24%	23%
De 10 a 20 SM	20%	13%	18%	18%
Mais de 20 SM	11%	10%	11%	12%
Sem renda	–	–	2%	3%

Tabela 3
Simpatia partidária

	Prob 1	Prob 2	Cotas 1	Cotas 2
PT	20%	19%	12%	12%
PDT	14%	11%	5%	6%
PFL	1%	3%	2%	2%
PSDB	3%	2%	1%	2%
PMDB	3%	4%	1%	1%
Outros partidos	1%	6%	4%	3%
Nenhum	55%	61%	72%	72%
NS/NR	3%	1%	3%	2%

Em primeiro lugar, deve ser notado que na Prob. 2 o somatório das respostas totaliza 107%. Isso acontece porque diferentemente das outras pesquisas, naquela o entrevistado poderia apontar mais de um partido pelo qual tem simpatia.

Há uma diferença sistemática entre os dois tipos de pesquisa, e que portanto dificilmente pode ser atribuída à flutuação causal prevista pela margem de erro. Nas pesquisas probabilísticas o percentual de pessoas que declara não ter simpatia por nenhum partido é sistematicamente menor do que nas pesquisas por cotas. Uma diferença média da ordem de 14%. Além disso, nas pesquisas por amostra probabilística, quando as pessoas escolhem um partido, elas não se distribuem igualmente, mas predominantemente nos partidos mais fortes em termos de simpatia: PT e PDT. Isso significa que toda vez que uma pesquisa por cota apresenta resultados para simpatia partidária, provavelmente ela estará superestimando o percentual daqueles que não têm simpatia alguma, e subestimando o percentual dos partidos mais fortes.

É possível atribuir essa diferença não à amostra, mas à técnica de entrevista. Nas pesquisas por cotas, as entrevistas são feitas na rua ou em pontos de fluxo, e as perguntas de simpatia partidária ficam, em geral, no final do questionário. Isso pode levar o entrevistado a, buscando abreviar a duração da entrevista, dar a resposta mais fácil e automática, que, nesse caso, é não ter simpatia por partido algum. Na outra modalidade de entrevista, sendo domiciliar, há menos razão para responder impensada e apressadamente a qualquer pergunta. A situação de realização da entrevista é bem mais confortável para o entrevistado.

Este diagnóstico é reforçado pelo fato de que para perguntas que tratam de temas mais tangíveis, como renda e religião, as respostas válidas para as duas modalidades de amostra não apresentam variação sistemática alguma. O mesmo pode-se afirmar para a pergunta sobre ocupação (tabela 4).

Tabela 4

Qual a sua ocupação

	Prob 2	Cotas 1	Cotas 2
Empregado	28%	27%	25%
Funcionário público	4%	4%	5%
Empregador	2%	2%	2%
Autônomo	17%	20%	22%
Profissional liberal	3%	2%	2%
Estudante	6%	8%	6%
Desempregado	9%	9%	7%
Pensionista	3%	2%	3%
Dona de casa	17%	13%	14%
Aposentado	12%	14%	14%

Os resultados apresentados na tabela 4 acima revelam que não há diferenças sistemáticas entre as três pesquisas. Vale lembrar que as pesquisas por cotas utilizadas não têm a ocupação como cota, mas apenas sexo, idade e escolaridade.

Convém ainda notar que, se somarmos as respostas empregado, funcionário público, empregador, autônomo e profissional liberal, teremos o total das pessoas que tendem mais facilmente a ser encontradas na rua, e, ao contrário, a soma de desempregado, pensionista, dona de casa e aposentado resultará no percentual das pessoas que mais facilmente são encontradas em casa. Na pesquisa por amostra probabilística, Cotas 1 e Cotas 2, o primeiro somatório é de, respectivamente: 54%, 55% e 56%, e o segundo somatório, 41%, 38% e 38%. Isso reforça a conclusão de que não há diferenças entre as pesquisas e os diferentes métodos, tanto amostral como de realização de entrevista.

Nas tabelas 1 a 4 foram apresentados os resultados para duas perguntas factuais (renda e ocupação) e duas perguntas sobre comportamento (religião e preferência partidária). Essas perguntas têm em comum o fato de que a distribuição de suas respostas são pouco sujeitas às variações da conjuntura e à técnica de entrevista (com as ressalvas apontadas acima para a pergunta sobre renda e sobre preferência partidária).

É difícil imaginar que uma proporção considerável de pessoas mudaria de religião ou de profissão em um período curto de tempo, ou daria uma resposta diferente para entrevistas feitas na rua ou no domicílio. Além disso, para essas perguntas, tanto o enunciado quanto as opções de respostas eram ou idênticas ou muito semelhantes. Isso significa que as outras variáveis que poderiam influenciar na resposta (conjuntura e questionário) estavam controladas, deixando a explicação de eventuais variações para a técnica de entrevista ou para a amostra.

As tabelas subsequentes apresentam resultados também para perguntas que tratam de questões factuais ou comportamentais, com a ressalva de que agora serão comparados os resultados de apenas duas pesquisas, e não quatro e três pesquisas, como realizado acima. As tabelas de 5 a 9 a seguir apresentam estes resultados para as pesquisas Prob. 2 e Cotas 2.

Tabela 5
Participa de grupo de oração

	Prob 2	Cotas 2
Sim	30%	37%
Não	69%	59%
NS/NR	1%	5%

É possível notar pela tabela 5 que há uma diferença significativa entre os percentuais daqueles que declararam não participar de grupo de oração. Tecnicamente, considerando-se a margem de erro das duas pesquisas, aproximadamente 5 pontos percentuais, é possível ainda afirmar que os resultados encontram-se dentro do previsto pelo erro amostral. Contudo, isso é verdade apenas para o limite superior do erro na pesquisa Cotas 2 e para o limite inferior na pesquisa Prob. 2 (para a resposta não), e o inverso quando a resposta é "sim, participa de grupo de oração". É curioso também notar que, como indicado pela tabela 6 abaixo, quando a pergunta tratou de uma outra atividade religiosa, ir à missa ou ao culto religioso, os resultados coincidiram.

Tabela 6
Vai à missa ou ao culto religioso

	Prob 2	Cotas 2
Sim	69%	68%
Não	31%	32%
NS/NR	0%	1%

Caso a explicação das diferenças esteja na amostra, probabilística *versus* por cotas, é necessário entender por que a discrepância é grande na pergunta sobre grupo de oração e inexiste na que trata da assiduidade à missa ou ao culto. Uma explicação possível para isso é que no caso desta última pergunta, ir à missa ou culto, trata-se de uma atividade religiosa mais comum, e portanto mais presente no dia a dia e na memória das pessoas.

Ainda assim, isso não passa de uma hipótese de trabalho que, para ser devidamente avaliada, necessita de mais pesquisas probabilísticas e por cotas com a mesma pergunta, de tal maneira que seja possível avaliar se a distribuição das respostas à pergunta sobre grupo de oração representa um desvio sistemático ou um desvio aleatório.

Tabela 7

Frequência com que vai à missa ou ao culto religioso

	Prob 2	Cotas 2
Mais de uma vez por semana	24%	27%
Uma vez por semana	30%	35%
Uma ou duas vezes por mês	21%	21%
Algumas vezes por ano ou raramente	25%	15%
NS/NR	1%	2%

A tabela 7 compara os resultados para a pergunta sobre a frequência com que a pessoa vai à missa ou ao culto religioso. Mais uma vez é pos-

capítulo 5 A polêmica de que os estatísticos gostam: amostra probabilística *versus* amostra por cotas

sível identificar uma diferença grande, ainda que dentro dos limites da margem de erro, entre as duas modalidades de pesquisa. Pela pesquisa probabilística com entrevistas domiciliares, o percentual dos que vão raramente à igreja para tais atividades é 10 pontos mais elevado do que na pesquisa por cotas. Por outro lado, a pesquisa por cotas indica uma grande frequência à igreja, comparando-se com a probabilística, de 62% da população.

Outra característica dessa discrepância merece destaque: ela ocorre nos extremos da avaliação da frequência (muita ou pouca frequência), ao passo que na frequência média (resposta "uma ou duas vezes por mês") não há discrepância alguma.

Há uma regularidade quando se cotejam as respostas compiladas nas tabelas 5 e 7. Em ambos os casos a pesquisa por cotas apresenta resultados condizentes com um nível de religiosidade maior, ocorrendo o oposto para a pesquisa probabilística. Assim, a questão é: o que está concorrendo para que sejam detectados níveis diferentes de religiosidade da população? A modalidade da amostra, a técnica de entrevista, ou ainda uma combinação de ambos?

É possível ainda argumentar que essa diferença não está totalmente estabelecida, e que seriam necessárias mais pesquisas para fundamentá-la melhor. Na pergunta sobre religião (tabela 1) as duas pesquisas probabilísticas apresentam resultados bastante distintos, ainda que dentro do erro amostral. A prudência indica que esse é um caminho de pesquisa a ser seguido, comparar perguntas que meçam a religiosidade em pesquisas probabilísticas e por cotas para averiguar a existência ou não de desvios sistemáticos.

Tabela 8
Grau de interesse por política

	Prob 2	Cotas 2
Sem interesse	45%	32%
Pouco interesse	48%	50%
Muito interesse	7%	18%
NS/NR	1%	1%

A tabela 8 apresenta os dados para a pergunta sobre o interesse por política. É perguntado ao entrevistado se ele se considera uma pessoa muito interessada por política, pouco interessada, ou se não tem interesse. Pode-se notar que a variação é grande nas respostas "sem interesse" e "muito interesse". Na pesquisa domiciliar probabilística o interesse por política é bem menor do que na pesquisa por cotas. A diferença entre as respostas extremas é da ordem de 10 pontos percentuais. A resposta intermediária, "pouco interesse", apresenta uma diferença irrelevante do ponto de vista estatístico.

Nesse caso é também difícil dizer qual das duas pesquisas apresenta a medição mais adequada. As mesmas ressalvas feitas acima servem para este caso: a variação é grande, mas prevista pela margem de erro; são necessárias mais pesquisas das duas modalidades, probabilística e por cotas, para definir se há ou não um desvio sistemático. Chama atenção, contudo, uma regularidade: a resposta do meio-termo — tal como ocorre na pergunta sobre frequência à missa ou ao culto religioso — é a única que não apresenta variação entre as pesquisas.

Tabela 9

Voto facultativo: votaria ou não

	Prob 2	Cotas 2
Não votaria	54%	57%
Votaria	45%	41%
NS/NR	1%	2%

Nas duas pesquisas, Prob. 2 e Cotas 2, foi também perguntado se o entrevistado votaria se o voto não fosse obrigatório. É possível notar que as respostas são estatisticamente idênticas em ambas as pesquisas.

Os resultados apresentados acima foram para as perguntas que tratavam de aspectos factuais (como renda e ocupação) ou comportamentais (religiosidade e participação eleitoral) da população do Município do Rio de Janeiro. Na seção abaixo, apresento os resultados para as perguntas mais estritamente sobre a visão de mundo (ideologia) dos indivíduos.

Perguntas sobre visões de mundo

Um tema clássico da visão de mundo é o apoio (ou não) à pena de morte como punição para os que cometem crimes de assassinato. Aqueles que são contra esse tipo de punição são liberais (ou libertários), posto que consideram que o Estado ou governo não podem ter o direito de tomar a vida dos indivíduos, mesmo que em nome da sociedade. Já os que apoiam a pena de morte como punição para crimes de assassinato são classificados como conservadores ou não liberais. Estes acham que os valores da sociedade podem e devem ser mantidos por meio de punições, ainda que extremas. Assim, eles aceitam que o Estado tenha o direito de tomar vidas para manter os valores e a ordem.

Tabela 10

Apoio à pena de morte para condenados por assassinato

	Prob 2	Cotas 1
Contra a pena de morte	48%	49%
A favor	40%	44%
Depende do assassinato	8%	4%
NS/NR	5%	3%

As duas pesquisas apresentam resultados idênticos para o nível de apoio à pena de morte (tabela 10). A pequena diferença registrada nas respostas "a favor" está dentro da margem de erro das duas pesquisas, que é da ordem de 5 pontos percentuais.

A outra pergunta para mensurar visão de mundo trata do nível de apoio à iniciativa individual (em oposição à iniciativa estatal) para melhorar a sociedade. Em geral, aqueles que acham que isso é papel mais dos indivíduos do que do governo tendem a ser mais liberais do que aqueles que acham o oposto. A tabela 11 sintetiza os resultados para esta pergunta.

Tabela 11

Quem deve melhorar a sociedade, o governo ou as pessoas

	Prob 2	Cotas 1
O governo	46%	39%
As pessoas	29%	25%
Ambos	25%	36%
NS/NR	1%	0%

No caso desta pergunta, há diferenças em todas as respostas, mas a única relevante do ponto de vista estatístico é a da resposta "ambos". A diferença entre as duas pesquisas é de 11 pontos percentuais. Esses 11 pontos se distribuem entre as demais respostas, "o governo", "as pessoas", e "não sabe / não responde".

Tabela 12

O governo deve ajudar os indivíduos a melhorar sua condição econômica ou as pessoas devem trabalhar para isso

	Prob 2	Cotas 1
O governo	87%	80%
As pessoas	9%	12%
NS/NR	4%	8%

Por fim, na última das 12 perguntas comparadas é possível perceber que as diferenças nas respostas estão dentro das margens de erro das pesquisas.

Uma avaliação geral dos resultados

É possível notar que a variação das respostas na comparação realizada entre amostra por cotas e amostra probabilística pode ser classificada em três grandes grupos. O primeiro grupo é o das variações irrelevantes e estatisticamente dentro das margens de erro das pesquisas. De um total de 12 perguntas analisadas, sete pertencem a esse grupo, são as perguntas sobre religião, ocupação, renda familiar (excluindo a não resposta), ida à missa ou ao culto religioso, voto facultativo, apoio à pena de morte e, por fim, nível de apoio à ação do governo para ajudar os indivíduos a melhorarem sua condição econômica.

O segundo grupo é o das variações significativas e que podem ser atribuídas, ao menos como uma hipótese de trabalho razoável, à técnica de entrevista. Duas perguntas estão nessa classificação: renda familiar (incluindo a não resposta) e preferência partidária.

É razoável admitir que em entrevistas feitas dentro do domicílio, em oposição a entrevistas realizadas na rua, o entrevistado fique menos à vontade para revelar sua renda familiar, ainda mais na Cidade do Rio de Janeiro, considerando-se a enorme sensação de insegurança e a falta de confiança existente. Quanto à preferência partidária, em entrevistas feitas na rua esta pergunta localiza-se no final do questionário, quando o entrevistado tende a estar mais cansado e desejoso de abreviar sua duração. Isso pode levar a mais respostas fáceis, tal como é o caso de "nenhuma" simpatia partidária.

O terceiro padrão de diferença entre as duas modalidades de pesquisas é o das respostas que apresentaram uma discrepância da ordem de 10 pontos percentuais. Nesse grupo se encaixam quatro perguntas: participação em grupo de oração, frequência de ida à missa ou ao culto religioso, interesse por política, e quem deve melhorar a sociedade (as pessoas ou o governo). Algumas apreciações importantes merecem ser feitas sobre esses resultados.

1. Ao contrário do que acontece no segundo grupo desta classificação, é difícil sustentar de maneira razoável, na ausência de outras pesquisas, que a diferença se deva à técnica de entrevista, domiciliar ou na rua. O controle mais adequado para saber o que influencia nas respostas, se a amostra ou a técnica de entrevista, seria por meio da realização de uma pesquisa domiciliar por cotas.
2. Em que pesem as diferenças serem da ordem de 10 pontos percentuais, elas ainda assim encontram-se no limite das margens de erro das pesquisas. Seria necessário repetir a aplicação de tais perguntas em outras pesquisas por cotas e probabilísticas para assegurar que se trata de uma diferença sistemática e na mesma direção.
3. As quatro perguntas que apresentam maior variação são questões mais ou menos centrais, ou mais abstratas. Esse ponto merece considerações mais detalhadas.

Das quatro perguntas que revelam uma variação grande no padrão de resposta, uma é uma questão menos central, outra realiza demanda sobre a memória do entrevistado e outras duas são, de todas as questões, as mais abstratas.

Quando se compara a importância de ir à missa ou ao culto religioso com a participação em grupo de oração, é evidente que a primeira atividade tem mais centralidade na vida das pessoas. É mais comum encontrarmos pessoas que frequentam o culto religioso ou a missa, mas não participam de grupo de oração, do que o inverso. Adicionalmente, a participação em missa/culto é o caminho para outras participações e não o oposto. E por fim, ao menos para os católicos e de acordo com a doutrina desta religião, a participação em missa é parte fundamental da atividade religiosa, ao passo que o mesmo não é verdade para os grupos de oração.

A outra pergunta que trata de religiosidade, e que apresenta uma variação da ordem de 10 pontos percentuais, é a que pergunta sobre a frequência de comparecimento à missa/culto. Nessa pergunta é demandado ao entrevistado que se utilize de sua memória quanto à frequência a um tipo de evento. Sabe-se que as perguntas que demandam a utilização da memória estão mais sujeitas a variações, em função dessa característica, do que as perguntas que não fazem ao entrevistado esse tipo de demanda.

Por fim, pertence a esse terceiro grupo as duas perguntas mais abstratas de todas as 12 perguntas utilizadas na comparação. Elas foram formuladas da seguinte maneira.

> Interesse por política: "O(A) sr.(a.) se considera uma pessoa muito interessada por política, um pouco interessada, ou o(a) sr.(a.) não tem interesse por política?"
> Quem deve melhorar a sociedade: "Com qual afirmação o(a) sr(a.) concorda mais: o governo deve fazer mais coisas para melhorar a sociedade, ou as pessoas devem fazer mais coisas para melhorar a sociedade?" Nesta pergunta, a resposta ambas (ou as duas) era aceita como resposta espontânea.

Na primeira pergunta não é especificado o tipo de interesse por política nem o interesse por qual aspecto da política. A questão é bastante ampla e geral. A segunda pergunta tem também essas características. Note que ela contrasta com a pergunta da tabela 12, que foi formulada da seguinte maneira:

"O governo deve ajudar as pessoas a ter um emprego e melhorar sua condição econômica, ou as pessoas devem lutar sozinhas e trabalhar para conseguir um emprego e melhorar sua condição econômica?"

E contrasta também com uma outra pergunta sobre visão de mundo, a que questiona sobre o apoio à pena de morte, no caso, um questão muito pouco abstrata e bastante concreta.

Conclusões

A análise comparativa dos resultados de pesquisas probabilísticas e por cotas revela alguns pontos que merecem destaque.

1. A variação é estatisticamente irrelevante (dentro da margem de erro) quando se comparam os resultados para "perguntas sólidas", ocorrendo maior variação nas "perguntas frouxas".
    Se denominarmos de "perguntas sólidas" as que tratam de temas mais concretos e mais importantes na vida da população, é possível notar que a variação apresentada por elas nas duas modalidades de pesquisa amostral está dentro da margem de erro das pesquisas. Esse é o caso de renda familiar, ocupação, religião, ida à missa/culto e voto facultativo. Já para as perguntas mais abstratas, ou relativas a questões menos centrais, as "perguntas frouxas", a variação foi maior, ainda que dentro de limites inferiores e superiores das margens de erro. São exemplos, nesse caso, as perguntas sobre quem deve melhorar a sociedade e frequência de ida à missa/culto.
2. Há indicações de que a técnica de entrevista é mais relevante para explicar diferenças entre as respostas do que o tipo de amostra.

Em que pese o caráter teórico-científico da amostra probabilística, face à fundamentação exclusivamente empírica da amostra por cotas, a comparação realizada indica que não houve diferenças importantes entre as duas modalidades de pesquisa. Algumas das diferenças, em particular nas perguntas sobre renda familiar incluindo a não resposta, e simpatia partidária, as indicações são de que a técnica de entrevista é mais importante para explicar eventuais variações nas respostas.

3. As hipóteses explicativas para as variações encontradas podem ser testadas por um programa de pesquisa que preveja a realização de três pesquisas junto à mesma população e com o mesmo questionário, mas variando-se a amostra e a técnica de entrevista.

As duas explicações para as variações encontradas são técnica de entrevista (domiciliar ou na rua) e tipo de amostra (probabilística ou por cotas). Apenas um programa de pesquisa que aplique o mesmo questionário à mesma população, sendo uma pesquisa probabilística domiciliar, a outra por cotas na rua, e uma última por cotas domiciliar, poderá definir, afinal, qual o fator fundamental na explicação de tais variações. Adicionalmente, em tal programa de pesquisa as perguntas do questionário teriam de ser classificadas entre sólidas e frouxas, para permitir testar a hipótese, depreendida da análise aqui realizada, de que as duas modalidades de pesquisa tendem a divergir apenas quando se trata de perguntas frouxas.

capítulo 6

Como utilizar dados agregados para formular índices — o caso do índice de qualidade municipal — carências

CAPÍTULO 6

O conceito de carência

A avaliação da qualidade de uma medição pressupõe que saibamos antes o que está sendo mensurado, e isso exige o estabelecimento de um conceito. Assim, o primeiro passo dessa avaliação é explicitar o que se entende por carência.

De acordo com o relatório do IQM-Carências, a carência de uma população está relacionada com a sociedade que se almeja, e isso está contemplado pela Constituição de 1988. Note-se que a referência a "sociedade que se quer" não é algo intangível. Essa sociedade, na realidade um ideal a ser alcançado, é algo definido socialmente. Em outras palavras, há um consenso social de que todos os indivíduos devem ter segurança física, capacidade de obter os recursos necessários para a sobrevivência e ter acesso a determinados bens e serviços.

Dessa maneira, a carência não é apenas de renda, e quanto a isso o relatório é bastante assertivo ao afirmar que "carência é diferente de pobreza". Há, portanto, inúmeras outras carências que afligem a vida das pessoas que vão além da renda que elas auferem.

Erros nas pesquisas eleitorais e de opinião

O relatório do IQM-Carências deixa claro que as carências são definidas pelos direitos que temos, e tais direitos estão estabelecidos pela Carta Magna. Assim, os indivíduos têm direito a educação, saúde, segurança, transporte, trabalho, consumo, lazer e outros bens e serviços considerados, se não essenciais, ao menos importantes para a vida da população.

É possível resumir o conceito de carência, tal como definido no relatório do IQM-Carências, como:

A diferença entre os bens e serviços aos quais um indivíduo tem acesso e os bens e serviços aos quais esse mesmo indivíduo deveria ter acesso. A importância desses bens e serviços é socialmente definida. Assim, o que hoje é considerado um bem e serviço essencial, ou muito importante para a vida das pessoas, pode no futuro não ser mais relevante.

Note-se que o conceito é fundamental para a realização de uma medição e de estudos. Conceitos diferentes levam a resultados diferentes, ainda que o tema estudado seja o mesmo. Um exemplo interessante desse fenômeno pode ser retirado de estudos sobre o crime. Se o crime for conceituado como sendo transgressão da lei por meio da violência física, o perfil do criminoso típico será um. Mas se o crime for conceituado como sendo qualquer transgressão da lei, independentemente de se configurar por meio da violência física ou não, então o perfil do criminoso típico será outro.

Esse exemplo deixa claro, portanto, que qualquer análise da medição realizada para o estudo do IQM-Carências terá de necessariamente ser feita considerando-se o conceito de carência utilizado.

Vale ressaltar que este conceito de carência é o espelho dos conceitos mais utilizados de qualidade de vida. Ou seja: quanto maior a qualidade de vida, menores são as carências, e vice-versa. Em grande medida, esses dois conceitos expressam a mesma coisa, só que com o sinal trocado.

Os critérios para se realizar a medição de carências

Considero que, para se realizar uma medição correta das carências da população, devem ser preenchidos quatro requisitos fundamentais. A medição tem de ser válida, confiável, abrangente e coerente.

Validade. Uma medição válida é aquela na qual se mede exatamente o que se conceituou. O diagrama abaixo ajuda a compreender a noção de validade de uma medição.

Diagrama 1
Validade de uma medição

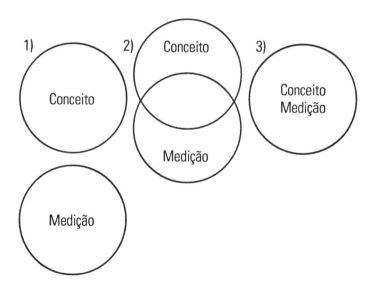

Na primeira situação, a medição é completamente inválida, é como se estivéssemos medindo o conceito de carências com dados e informações sobre posicionamento político, ou, para fornecer um outro exemplo, é como utilizar o índice de desemprego para medir a inflação, ou utilizar um barômetro para medir a temperatura. No segundo caso, a medição mensura apenas parcialmente o conceito. Seria o mesmo que utilizar a renda para medir desenvolvimento humano, vários aspectos desse conceito ficariam de fora da medição. E no terceiro caso, é apresentada a situação ideal, na qual a medição está totalmente de acordo com o que se quer medir.

Assim, na avaliação do IQM-Carências é necessário ter sempre em mente a seguinte pergunta: os indicadores utilizados, e os métodos empregados, medem o conceito de carência, tal como definido pelo relatório do IQM-Carências?

Confiabilidade. Uma medição é confiável quando dois analistas diferentes, utilizando-se dos mesmos dados e procedimentos metodológicos, obtêm as mesmas medições. Nesse caso, pressupõe-se que não houve alteração significativa no que está sendo medido.

Em um exemplo das ciências naturais, se dois analistas se utilizam do mesmo termômetro para medir a temperatura ambiente, e um mede a temperatura um minuto após o outro, então os valores finais das medições têm de ser semelhantes. O termômetro será não confiável, e consequentemente sua medição, se no primeiro minuto a temperatura for de, digamos, 20 e no segundo minuto, de 40 graus.

Há variáveis que são mais sujeitas a variações mais rápidas, e outras que se modificam muito lentamente no tempo. Se a inflação estiver elevada, e for adotado um plano econômico para combatê-la, espera-se que logo após a implementação do plano a inflação caia. Caso isso aconteça, não será afirmado que a medição é não confiável, mas que a alteração no índice se deveu ao plano.

Por outro lado, os indicadores que mensuram conceitos como qualidade de vida ou carências não variam rapidamente no tempo. Como afirmado anteriormente, a educação é parte de ambos os conceitos, no primeiro sua presença e no segundo sua ausência. Os níveis educacionais dos indivíduos, e consequentemente de uma população, variam muito lentamente no tempo. O mesmo se aplica ao fornecimento de serviços básicos de saúde e de infraestrutura pública. Assim, duas medições de carências ou de qualidade de vida, realizadas em anos não muito distantes, tendem a apresentar uma variação pequena.

Assim, ao se avaliar o IQM-Carências no que tange à confiabilidade da medição, é necessário perguntar o seguinte: medições desse conceito feitas com o mesmo instrumento, ou com um instrumento semelhante, tendem a variar de forma abrupta e inexplicável?

Abrangência. O fenômeno das carências é claramente multifacetado. Há populações que podem ser carentes no que se refere à renda, mas terem acesso a todos os serviços públicos fundamentais. O oposto também pode ocorrer, populações de renda elevada mas que habitam regiões que não são cobertas pelos serviços públicos básicos. Este é, em geral, caso frequente na expansão das áreas de ocupação de classe média em grandes cidades. Assim, por se tratar de um fenômeno multifacetado e abrangente, a medição das carências deverá preencher esse requisito.

Para que a medição das carências seja abrangente, devem ser considerados todos estes aspectos: educação, segurança, saúde, habitação, trabalho, acesso a serviços públicos etc.

Coerência interna. Considerando-se o caráter multifacetado das carências, e portanto a necessidade de vários indicadores para mensurá-las, é necessário que os indicadores sejam compatíveis entre eles, e que classifiquem segundo os mesmos critérios empíricos o que é medido. Em outras palavras, eles têm de mensurar as diferentes dimensões das carências e classificar o que é medido de forma a seguir um único critério.

A título de exemplo, quando os indicadores se referirem aos municípios analisados, será necessário que o levantamento tenha sido feito da mesma forma em cada município, seguindo-se os mesmos critérios de avaliação. Portanto, o que é considerado déficit habitacional em um município é também para os demais, o que é considerado analfabetismo em um município é também nos demais, e assim sucessivamente.

Dois níveis de medição: o individual *versus* o agregado

É frequente que em estudos e análises seja necessário optar por um de dois níveis possíveis de medição: o individual ou o agregado. No nível individual obtêm-se dados sobre os indivíduos, e tais dados são utilizados para a análise. Exemplos desse tipo de análise são todos os estudos que se baseiam em questionários aplicados aos indivíduos.

Por outro lado, é comum também uma outra modalidade de análise, a que se baseia em dados agregados. Como o próprio nome diz, dados agregados são os que informam sobre um agregado maior, que não é o indivíduo. No caso do IQM-Carências, esse agregado é o município. Caso existissem dados disponíveis, o agregado poderia ser menor ainda, um bairro ou um quarteirão.

Na avaliação do IQM-Carências é necessário ter sempre em mente que se trata do nível agregado de medição.

Dois tipos de dados: sobre o indivíduo e sobre o local de moradia

É possível distinguir analiticamente, ainda que haja uma forte ligação entre eles, dois tipos de informação: a que se refere ao indivíduo e a que diz respeito ao local de sua moradia.

Os dados sobre nível educacional, por exemplo, são sempre sobre o indivíduo: são os anos de estudo que alguém tem. Já os dados sobre iluminação e pavimentação são sobre o local de moradia. No primeiro caso, um movimento populacional intenso pode ter impacto sobre o que é mensurado, e atribuído, no nível local. O mesmo não se aplica, obviamente, quando se trata do segundo tipo de dado.

Todos os indicadores existentes de carência, qualidade de vida, desenvolvimento humano, e de conceitos congêneres, combinam dados sobre o indivíduo com dados sobre o seu local de moradia. Afinal, são duas dimensões importantes desses conceitos.

Como foi feita a medição das carências no Estado do Rio de Janeiro — um sumário do IQM-Carências

O meu objetivo nesta seção não é repetir o conteúdo do relatório sobre o IQM-Carências, mas apenas apresentar de maneira sintética os principais passos da obtenção desse indicador.

O primeiro passo, como mencionado anteriormente, foi estabelecer o conceito de carência. Esse conceito é apresentado em detalhes no primeiro item deste texto. Em seguida, foram definidos três níveis de carência: o das necessidades básicas, tais como alfabetização, direito à vida, mortalidade infantil, o das necessidades relativas ao aumento de oportunidades de ascensão social, e o das necessidades de autodesenvolvimento e autossatisfação.

De acordo com o relatório do IQM-Carências, os três níveis de carência formam uma hierarquia das necessidades primárias e básicas até necessidades secundárias e não básicas, ainda que relevantes para o desenvolvimento individual e coletivo.

Em cada nível de carência há indicadores paralelos: no nível 1 é mensurada a alfabetização dos jovens; no nível 2, a instrução dos adultos; e no último nível, a instrução dos jovens. A mesma lógica se aplica aos demais 13 indicadores. Portanto, em cada nível de carência há 14 indicadores, paralelos entre eles, que medem várias dimensões das carências.

Para cada indicador foi definido um valor absoluto desejável. Isso significa que, para a mortalidade infantil, o valor absoluto desejável é zero (desejável ainda que não alcançável), ao passo que para alfabetização dos jovens o valor absoluto desejável é 100.

O passo seguinte foi o de medir a distância de cada município do Estado do Rio de Janeiro em relação ao valor absoluto desejável de cada um dos 14 indicadores dentro de cada nível de carência. Obtidos esses valores, e devidamente padronizados, calculou-se uma média simples para cada nível de carência.

Por fim, o IQM-Carências é uma média simples dos três níveis de carência. Note-se que pela forma de obtenção do IQM-Carências, os níveis de carência não têm impacto sobre o resultado final. A separação em três níveis é analítica, e serve apenas para comparar os municípios entre eles, considerando-se as mais básicas em comparação com carências menos básicas.

O IQM-Carências em face dos critérios científicos de avaliação da medição

Nesta seção eu avalio o IQM-Carências de acordo com os quatro critérios científicos acima estabelecidos: validade, confiabilidade, abrangência e coerência interna. Do ponto de vista científico, a validade é o mais relevante dos quatro critérios, portanto, iniciarei por ela.

Validade. Para a medição das carências são utilizados 42 indicadores, dos quais 14 são para cada nível de carência. Os indicadores cobrem as seguintes áreas:
- educação;
- saúde;
- habitação;
- mercado de trabalho;
- esporte, cultura e lazer;
- segurança;
- comércio;
- transportes;
- comunicações;
- rendimentos do trabalho; e
- participação comunitária e descentralização administrativa.

Cabe, portanto, perguntar: uma medição das carências que leva em consideração essas 11 diferentes áreas está realmente mensurando carências? Em outras palavras, uma medição que leva em conta essas dimensões está mais próxima da situação 1, 2 ou 3 apresentadas no diagrama 1 da p. 169?

O fato de os indicadores abordarem essas 11 áreas significa que as carências que afligem a população dos municípios estão sendo avaliadas só, e somente só, nessas áreas. Assim, cabe perguntar, em primeiro lugar: há alguma dessas áreas que pode ser considerada irrelevante para a medição das carências, dada a definição de carência do relatório do IQM-Carências? Ou seja, alguma dessas áreas deveria não ser mensurada na composição do indicador?

Para responder a tais perguntas é necessário considerar que o relatório do IQM-Carências cita a Constituição brasileira de 1988 como a definidora dos direitos básicos, e esses direitos seriam: educação, saúde, trabalho, segurança, lazer, moradia, alimentação, vestuário, higiene, transporte, previdência social, proteção à maternidade e à infância e assistência aos desamparados.

A medição contempla diretamente as seguintes áreas: educação, saúde, trabalho, segurança, lazer, moradia, transporte, proteção à maternidade e à infância (indicadores: nascimentos com pré-natal e mortalidade na infância). O acesso a alimentação, vestuário e higiene é mensurado por meio dos indicadores de renda. Além disso, o IQM-Carências mensura o comércio, as comunicações e a participação comunitária e descentralização administrativa. Trata-se de algo desnecessário tendo em vista o conceito de carência?

É possível argumentar que o comércio diz respeito à oferta de determinados bens (vestuário e alimentação, por exemplo). Além da necessidade da renda, que define a procura por esses bens, é necessária a oferta. Assim, a medição da dimensão comércio não foge aos objetivos do conceito.

Quanto às comunicações, sabe-se que elas são fundamentais para a atividade econômica e consequentemente, para o aumento de renda da população. Assim, esse indicador concorre para medir as possibilidades de ascensão social, tal como definido no nível 2 de carências.

Por fim, o único indicador que não parece se adequar totalmente ao conceito de carência é o de participação comunitária e descentralização administrativa, ainda que se considere isso um valor quase unanimemente compartilhado pelos cidadãos.

Repito agora, resumindo em uma só, as perguntas feitas anteriormente: há alguma sobra na medição do conceito? Sobra esta que comprometa a validade da medição? Creio que existe uma pequena sobra, mas que não compromete a qualidade da medição. Isto é, de uma maneira geral, todas as áreas mensuradas são relevantes para a medição das carências, e estão de acordo com o conceito de carência utilizado neste estudo. Nesse sentido, a medição é válida.

A segunda pergunta refere-se não a eventuais sobras, mas a eventuais faltas. Portanto, há dimensões das carências (sempre considerando-se o conceito utilizado) que não estejam sendo mensuradas?

Os itens previdência social e assistência aos desamparados não estão diretamente contemplados pelos indicadores. É possível argumentar que ao mensurar o nível de formalidade do mercado de trabalho contempla-se a previdência social. Isso é verdade, mas não são indicadores para medir a assistência aos desamparados.

Note-se que não existem medições perfeitas. O que há são ou medições erradas ou medições melhores e piores, boas e ruins. Assim, não há dúvida de que o IQV-Carências é uma medição válida, e de boa qualidade, das carências das populações por município. Há uma pequena falta e uma pequena sobra em relação ao conceito, mas isso tem um impacto muito diminuto no cálculo geral do índice.

Um teste de validade. Nem sempre é possível testar diretamente a validade de uma medição. Felizmente, no caso do IQV-Carências, é possível testar sua validade comparando-se seus resultados com os resultados de um indicador de qualidade de vida. Como foi afirmado acima, qualidade de vida e carências são, de uma maneira geral, o mesmo conceito, mas com o sinal trocado.

Em meu livro *A qualidade de vida no Estado do Rio de Janeiro*, eu utilizo 18 indicadores para construir um índice de qualidade de vida e classificar, de acordo com tal índice, os então 82 municípios do Estado do Rio de Janeiro.

Os 18 indicadores utilizados para esse índice medem oito dimensões da qualidade de vida:
- educação;
- potencial educacional;
- saúde;
- serviços de infraestrutura pública;
- renda;
- demografia;
- atividade industrial e
- violência.

Além disso, 11 indicadores são de números para 1991, e os demais para os anos de 1992 a 1994. A tabela abaixo sintetiza as principais diferenças entre o IQM-Carências e o IQV-UFF.

Tabela 1

Uma comparação entre o IQM-Carências e o IQV-UFF

	IQM-Carências	IQV-UFF
Conceito mensurado	Carências	Qualidade de vida
Número de dimensões	11	8
Número de indicadores	42	18
Ano da maioria das medições	1999	1991

A comparação mostra que o IQM-Carências é mais abrangente do que o IQV-UFF. E como foi aplicado mais recentemente, os indicadores utilizados são em sua maioria do final dos anos 1990.

O teste de validade pode ser feito calculando-se a correlação linear entre o IQM-Carências e o IQV-UFF. Como a correlação é uma estatística que varia entre −1 e +1, o zero indicando que não há correlação alguma, e o 1 (negativo ou positivo) indicando que a correlação é perfeita, espera-se que a correlação entre os dois índices seja elevada (porém, que não seja perfeita) e com sinal negativo. Afinal, quando um aumenta, diminui o outro.

O resultado da correlação é −0,81 significante ao nível de 0,01. Isso quer dizer que a medição é válida. Note-se que o teste de validade apenas confirma empiricamente a argumentação lógica que revela a validade da medição.

Para finalizar esta seção, vale comparar a classificação de alguns municípios segundo o IQM-Carências e o IQV-UFF. Já que o teste de validade demonstrou que as medições foram realizadas corretamente, espera-se que a ordem dos municípios seja semelhante, alterando-se apenas o posicionamento na lista: aqueles que são os primeiros em qualidade de vida, tendem a ser os últimos em carências.

Tabela 2

A classificação de alguns municípios segundo o IQM-Carências e o IQV-UFF

Os seis últimos colocados do IQM-Carências	Os seis primeiros colocados do IQV-UFF
Rio de Janeiro	Niterói
Niterói	Rio de Janeiro
Volta Redonda	Volta Redonda
Resende	Resende
Petrópolis	Itatiaia
Macaé	Petrópolis

Como era esperado, a classificação é no geral semelhante, apresentando algumas diferenças que se devem às metodologias utilizadas e ao período em que foram feitos os levantamentos. As maiores diferenças referem-se a Macaé e Itatiaia. O município de Macaé, o sexto menos carente do IQM-Carências, é o sétimo colocado no IQV-UFF, e Itatiaia, que ocupa a quinta posição nessa medição, é o vigésimo quinto município menos carente, de acordo com o IQM-Carências.

Confiabilidade. Como afirmei acima, a mais importante avaliação de uma medição é quanto a sua validade. Além disso, e de uma maneira geral, as medições válidas tendem a ser confiáveis. Não estou afirmando que se trata de uma relação necessária, mas probabilística. Ou seja, há grandes chances de uma medição válida ser também confiável.

A melhor avaliação empírica da confiabilidade é a comparação de duas medições no tempo, isto é, medir por meio da mesma metodologia do IQM-Carências os mesmos municípios em dois anos diferentes. Esses anos podem estar separados por um ou quatro anos. Em qualquer um dos casos espera-se uma variação pequena na posição relativa dos municípios. Isso quer dizer que aquele que é o mais carente não mudará 20 posições de um ano para outro ou em cinco anos, mas pode vir a mudar algumas poucas posições.

Como não existe essa possibilidade, é possível fazer uma referência à comparação entre o IQM-Carências e o IQV-UFF. As diferenças de resultados entre eles podem ser atribuídas a dois fatores: as diferentes metodologias utilizadas nas medições (diferentes indicadores, abrangências etc.) e as diferentes datas (1991 e 1999) da coleta dos dados da maior parte dos indicadores utilizados. Quando ocorre uma discrepância entre eles não sabemos a que atribuir, se a um ou a outro fator. Todavia, constatamos acima que a correlação entre eles é elevada e que há uma tendência de manutenção do posicionamento do município, em suas posições relativas, no tempo (tabela 2).

Note-se que em uma correlação da ordem de 0,8 é razoável admitir que a correlação não é perfeita (valor 1) porque a) a metodologia e b) as datas de coleta dos dados diferem. Assim, se a metodologia fosse a mesma, a correlação entre os dois indicadores (apenas com a diferença temporal) tenderia a ser mais forte ainda, o que indica a confiabilidade da medição.

Abrangência e coerência interna. Essas duas dimensões da avaliação da medição realizada pelo IQM-Carências são as mais evidentes, e portanto as mais fáceis de serem estabelecidas. Em primeiro lugar, é evidente que a medição é abrangente, e considera os diversos aspectos das carências da vida humana. Ela está baseada em 11 dimensões e 42 indicadores, todos bastante variados, mas medindo sempre as carências.

A coerência interna também é assegurada pela forma de coleta de dados e os critérios de coleta. O que é considerado alfabetização em um município, é também considerado alfabetização nos demais, e o mesmo se aplica para todos os indicadores.

O IQM-Carências mede o conceito de carência?

Sim, não há dúvidas de que a medição das carências realizada pelo IQM-Carências é adequada, e se trata de um bom indicador.

A apreciação política *versus* a avaliação técnica

É comum que a avaliação técnica de um índice e de seus resultados seja ofuscada por apreciações políticas. Quando isso ocorre há um desserviço ao avanço do conhecimento e ao aperfeiçoamento dos estudos e das avaliações. O grande sociólogo alemão Max Weber já havia chamado a atenção, em várias de suas obras, para a tensão permanente entre decisão técnica e decisão política na administração pública. Isso é compreensível e até mesmo tolerável. Trata-se de decidir como os recursos serão alocados.

Todavia, a apreciação política pouco tem a contribuir, se é que contribui, para o avanço do conhecimento científico e das análises empíricas. Nesse caso, ao contrário das decisões de políticas públicas, não se trata de decidir como utilizar recursos financeiros, mas sim de como chegar às conclusões mais de acordo com a realidade dos fatos.

Um indicador como o IQM-Carências é sempre sujeito a apreciação política, e em geral injusta, se avaliada do ponto de vista científico.

capítulo 6 Como utilizar dados agregados para formular índices – o caso do índice de qualidade ...

A razão é simples. O IQM-Carências foi utilizado para hierarquizar os municípios do Estado do Rio de Janeiro, do mais para o menos carente. Quando as lideranças municipais consideram que a posição de seu município deveria ser melhor do que a encontrada por esta medição, então as críticas são tão fortes quanto não fundamentadas.

O mesmo ocorre, por exemplo, durante as eleições, na avaliação que os políticos fazem das pesquisas eleitorais. Os que estão na frente dizem que a pesquisa está correta, e os que estão atrás a colocam em dúvida. Em ambas as situações — IQM-Carências e pesquisa eleitoral — trata-se de uma avaliação política e não científica.

A política e a ciência operam em duas lógicas bastante diferentes, para não dizer opostas. A tabela 3 abaixo sintetiza os principais aspectos de ambas.

Uma rápida leitura da tabela 3 deixa claro que política e ciência funcionam de acordo com duas lógicas totalmente diferentes. O cientista (ou técnico) faz afirmações e as testa empiricamente. Se o estudo for bem feito ele melhora sua reputação na comunidade científica, e também fora dela. O político defende determinados pontos de vista, e com isso consegue e assegura votos. O técnico busca realizar estudos de qualidade. O político busca votos e poder, disso depende sua sobrevivência.

Assim, tendo em mente essas duas lógicas e as diferenças listadas na tabela 3, será possível avaliar eventuais críticas feitas ao IQM-Carências e a qualquer outro estudo (os índices de desemprego e de inflação são com frequência objeto de apreciações políticas), do ponto de vista político. Tais críticas são em geral pertinentes do ponto de vista eleitoral, mas raramente fazem sentido do ponto de vista técnico e científico.

Tabela 3
Uma comparação entre ciência e política

CIÊNCIA/ANÁLISE	POLÍTICA
Criticam-se argumentos lógicos e evidências	Defende-se um ponto de vista valorativo
Busca-se o que derruba o argumento	Busca-se o que sustenta o ponto de vista defendido
Apresentam-se todas as falhas existentes	Não são apresentadas falhas, a não ser a dos adversários políticos
A dúvida é permanente	É preciso acreditar no que é defendido
A retórica é desnecessária	A retórica é importante
Busca permanente da verdade	Não há verdade, mas apenas interesses
Não representa ninguém nem defende interesses	Representa interesses e grupos sociais
Papel da crítica: fortalecer a análise, o estudo	Papel da crítica: fragilizar o adversário
Exemplo: Estudo técnico de uma universidade localizada no Rio de Janeiro, concluindo que o melhor local para instalar uma indústria é o estado de Minas.	Exemplo: O senador pelo Rio de Janeiro, para satisfazer seus eleitores, defenderia a instalação da indústria no Estado do Rio de Janeiro.

Além disso, há fatores específicos, que dizem respeito ao que é mensurado, e que muitas vezes são ignorados quando questionamentos políticos (ou não) são feitos. No caso do IQM-Carências, ou mesmo de um indicador de qualidade de vida como o IQV-UFF, esses fatores são:

— o papel dos governos no longo prazo *versus* seu papel no curto prazo;

— o papel dos governos *versus* o papel dos entes e das entidades privadas;

— o papel da história e a subordinação à trajetória.

O papel dos governos no longo prazo *versus* seu papel no curto prazo

Não há dúvida quanto ao fato de os indicadores de qualidade de vida e de carências serem sensíveis às ações governamentais. Todavia, o impacto dos governos é no médio e longo prazos, jamais no curto prazo.

Uma política econômica e de geração de empregos tende a ter impacto significativo na renda das pessoas muitos anos após sua adoção. Políticas de ampliação de redes de água e de saneamento são executadas em períodos longos, e dificilmente são iniciadas e terminadas em um mesmo governo. Isso é verdade para praticamente todos os indicadores que medem as carências e a qualidade de vida. Portanto, o aparente fracasso ou sucesso de um município em qualquer classificação segundo critérios de carência ou de qualidade de vida dificilmente pode ser atribuído a um governo local recente.

O papel dos governos *versus* o papel dos entes e das entidades privadas

Já afirmei que as ações dos governos são importantes para a diminuição das carências. Resta dizer que todos os governos têm um papel a cumprir, no nível local, estadual e nacional. Resta ainda reconhecer que o setor público não é o único, e nem sempre o mais importante, provedor de bem-estar ou combatente de carências. Há um papel importante que é cumprido pelo que eu denominaria de entes privados, pessoas físicas ou jurídicas. Trata-se de algo difícil de ser reconhecido, e admitido, em um país como o Brasil, de forte mentalidade ibérica.

Cabe agora perguntar, por exemplo, quanto da redução da mortalidade infantil se deve à ação do setor público e quanto se deve à ação da

Igreja por meio de sua Pastoral da Criança. É possível que em inúmeros municípios do Brasil, e talvez do Estado do Rio de Janeiro, a presença da Igreja como geradora de bem-estar seja mais relevante do que a do setor público. Qual o papel do investimento privado, em comparação com a ação pública, na diminuição das carências? A expansão da cobertura telefônica mostra que é grande.

Apresentei apenas dois exemplos. Mas eles podem facilmente ser multiplicados. Assim, relativiza-se o papel dos governos, e é possível mostrar que as carências vão muito além das ações do setor público. O esforço de combate às carências não é estatal, mas sim social e coletivo. Por isso, pioras ou melhorias não podem ser facilmente atribuídas a este ou àquele governo, mesmo do passado distante.

O papel da história e a subordinação à trajetória

O ponto de chegada depende do ponto de partida. É dessa maneira que se pode resumir a noção de subordinação à trajetória. Há municípios que tiveram um excelente ponto de partida. Esse é o caso do Rio de Janeiro, cidade importante desde os tempos do Brasil Colônia, ex-capital federal, centro comercial e financeiro, ex-cidade-estado, segunda maior cidade brasileira em população. Não surpreende, portanto, que o Rio de Janeiro seja o menos carente do todos os municípios classificados pelo IQM-Carências.

Dificilmente um município rural, mal classificado no índice de carências, virá a ultrapassar o Rio de Janeiro. O ponto de partida dessas localidades, para o desenvolvimento e o combate de suas carências, é completamente diferente. Este é mais um fator que retira dos ombros do poder público parte da responsabilidade da situação dos municípios.

A apreciação política, portanto, não apenas opera com uma lógica oposta à do conhecimento científico, mas também desconsidera fatores importantes que condicionam o combate das carências. O reconhecimento disso nos leva a avaliações mais frias e racionais, e também nos ajuda a criar defesas contra avaliações e apreciações equivocadas.

O resultado do IQM-Carências: duas notas analíticas

O relatório do IQM-Carências apresenta os municípios classificados do mais para o menos carente, e em seguida, por meio da análise estatística de *cluster*, agrupa os 91 municípios do Estado do Rio de Janeiro em seis grandes grupos, mais uma vez, dos mais para os menos carentes.

A classificação individual dos municípios revela algo interessante: a extrema desigualdade entre os municípios do nosso estado. O gráfico 1 a seguir ajuda a tornar isso claro.

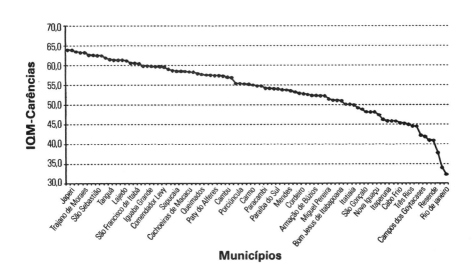

A inclinação da curva do gráfico mostra que há uma variação suave entre o município primeiro colocado em carências, Japeri, e o octogésimo quarto colocado, Barra Mansa. O índice de carência de Japeri é 64, e o de Barra Mansa é 44,5. Isso equivale a uma variação de 19,4 entre 84 municípios, o que na média é uma redução gradativa, de 0,23, de município para município, até Barra Mansa.

De Barra Mansa até o município menos carente, Rio de Janeiro, a variação segue um outro padrão, ela é ab-rupta. Em apenas sete municípios, o índice de carência diminui 12,1. Isso representa uma redução média de 1,73 por município. Além disso, 8,6 pontos separam Resende do Rio de Janeiro. Isso pode ser interpretado da seguinte maneira: Rio de Janeiro, Niterói e Volta Redonda, além de menos carentes, se distanciam muito dos demais municípios do Estado. Este é um retrato bastante preciso da desigualdade existente entre os municípios.

O segundo elemento que merece destaque na análise é uma interpretação dos resultados da análise de *cluster*. É interessante notar que há seis *clusters*, mas que os quatro que agrupam os municípios menos carentes têm, somados, 19 municípios em 91 analisados. Ou seja, 72 municípios do Estado do Rio de Janeiro se assemelham bastante em função de um nível bastante elevado de carências.

Adicionalmente, é necessário avaliarmos quais são esses 19 municípios agrupados nos *clusters* dos menos carentes, para saber se é possível encontrar alguma explicação para esse resultado. A tabela XYZ a seguir apresenta 13 desses 19 municípios, a região a que pertencem, e algumas características de destaque.

Tabela XYZ

13 dos 19 municípios contidos nos quatro *clusters* menos carentes

Rio de Janeiro, Niterói, Queimados e Duque de Caxias	quatro municípios da Região Metropolitana	Área mais industrializada do Estado
Pinheiral, Porto Real, Resende, Volta Redonda e Barra Mansa	cinco municípios da Região do Médio Paraíba	Polo industrial baseado em grandes empresas
Nova Friburgo, Petrópolis, Teresópolis e Três Rios	quatro municípios da Região Serrana	Polo industrial baseado em pequenas empresas

Avaliando de perto esses 13 municípios, iremos notar que há, em alguma medida, subordinação à trajetória.

Rio de Janeiro: foi Capital Federal, cidade-estado, e desde o Brasil colonial foi um dos mais importantes, se não o mais, centros comerciais do Brasil.

Niterói: antiga capital do antigo Estado do Rio de Janeiro, teve sempre parte de sua economia vinculada à metrópole principal.

Municípios do Vale do Rio Paraíba: área economicamente dinâmica do Brasil Colônia, uma das principais regiões cafeeiras do Brasil, perdendo importância relativamente para São Paulo com o fim do sistema escravista.

Municípios da Região Serrana: área mais próxima de influência da capital, excetuando-se a própria Região Metropolitana, com dinamismo gerado a partir de Petrópolis, antiga cidade imperial.

Mesmo os investimentos mais recentes, em áreas de ocupação relativamente novas se comparadas com a dimensão temporal secular, eles são de alguma maneira condicionados pela trajetória histórica de regiões adjacentes. Refiro-me ao distrito industrial compreendido por toda a Baixada Fluminense, incluindo a refinaria de Duque de Caxias.

Os demais seis municípios têm um histórico mais recente de desenvolvimento, e aí devemos mais uma vez lembrar que o desenvolvimento econômico é um dos fatores negativamente correlacionados com carências.

Os municípios de Macaé, Rio das Ostras e Campos, principalmente os dois primeiros, contam com o desenvolvimento recente da indústria do petróleo. Não há dúvida de que essa indústria, em que pese não gerar muitos empregos diretos, gera renda e inúmeras externalidades positivas, tendo um impacto relevante na redução das carências.

Cabo Frio e Angra dos Reis são áreas de veraneio da população de classe média e classe média alta residente no Rio de Janeiro, Minas Gerais, para Cabo Frio; e Rio de Janeiro e São Paulo no caso de Angra dos Reis. Adicionalmente, Angra conta ainda com os investimentos relativamente recentes nas áreas de geração de energia e reparos e construção naval.

Por fim, um dos municípios contidos nos quatro *clusters* de menor carência foi Itaperuna, para muitos, talvez, uma das mais importantes surpresas. Itaperuna vem se destacando já há alguns anos como polo regional de desenvolvimento, exercendo influência em municípios localizados tanto no Estado do Rio de Janeiro como em Minas Gerais e no Espírito Santo. É interessante sublinhar que hoje este município é um importante centro de serviços médicos, abrigando inclusive os maiores especialistas em cirurgia cardíaca do Estado do Rio de Janeiro.

Esta breve análise dos resultados serve para mostrar que há subordinação à trajetória, mas que ela não é determinista. Municípios ou regiões que começaram atrás podem melhorar e alcançar os primeiros colocados em qualidade de vida, ou os últimos em carências. Trata-se, todavia, de resultado de um grande esforço, longo, que mobiliza um volume grande de recursos humanos e financeiros.

Este livro foi composto na tipologia Adobe Garamond Pro,
em corpo 12/17,3, e impresso em papel off-white 80g/m² pelo
Sistema Cameron da Distribuidora Record de Serviços de Imprensa S.A.

Seja um Leitor Preferencial Record
e receba informações sobre nossos lançamentos.
Escreva para
RP Record
Caixa Postal 23.052
Rio de Janeiro, RJ – CEP 20922-970
dando seu nome e endereço
e tenha acesso a nossas ofertas especiais.

Válido somente no Brasil.

Ou visite a nossa *home page*:
http://www.record.com.br